하나님의 힘으로 병이 낫는다

하나님의
힘으로
병이 낫는다

손기철

규장

인간의 의술이나 여러 방법으로 병을 고치거나 회복시키는 것을 치유라고 한다면, 하나님께서 그분의 권능을 나타내심으로써 치유하시는 것을 신유(divine healing)라고 한다. 이 책은 신유에 대한 것이지만, 신유란 단어에 다소 익숙지 않은 독자를 위해 편의상 신유와 치유를 혼용해서 사용하였다.

지금까지 하나님이 허락하신 신유사역을 하면서 수많은 기적을 체험했지만, 아무리 기도해도 치유되지 않는 아픔도 경험했다. 그럴 때마다 하나님 앞에 "왜 그렇습니까?"란 질문을 가지고 씨름하곤 했다. 그때마다 하나님께서 보여주시는 비밀을 통해 하나씩 하나씩 더 깨닫게 되었고, 지금도 말씀과 체험을 통해 하나님의 비밀을 더 알아가고 있는 중이다.

감추어진 일은 우리 하나님 여호와께 속하였거니와 나타난 일은 영원히 우리와 우리 자손에게 속하였나니 이는 우리에게 이 율법의 모든 말씀을 행하게 하심이니라 신 29:29

이미 치유나 신유에 대한 책들이 적지 않게 나와 있다. 그럼에도 불구하고 이 책이 필요한 것은 이런 이유들 때문이다.

◆ 신유의 궁극적인 목적은 단지 육신의 치유만이 아니라 하나님의 생명을 누리는 것(헬, sozo)이다. 그런 측면에서 볼 때 질병의 치유만을 목적으로 한 치유책이 아닌, 하나님나라 복음의 관점에서 주님의 뜻을 이루기 위한 목적으로 쓰인 책이 필요하다.

◆ 신학적, 성경적 관점에서 신유에 대해 자세히 고찰한 책들은 신유에 대한 지식을 위주로 하고 있어서 신유를 경험할 수 있는 책은 아니다. 신유의 실제적인 측면과 이론적인 측면을 균형 있게 다루고 있는 책이 필요 하다.

◆ 반대로 지나친 체험 위주, 혹은 간증 형식을 빌려 쓴 신유에 대한 책은 말씀과 교리에 기초하지 않은 경우가 많아 일반화 혹은 신학화 하기에 어려움이 있다. 신유를 실제적으로 접근하되 그 근간을 성경적 지식과 올바른 신학적 교리에 단단히 뿌리내린 책이 필요하다.

◆ 여전히 구약적 사고방식에 기초한 믿음과 치유 교리가 아닌, 이

미 도래한 하나님나라에서 자녀로서 마땅히 누려야 할 신유를 가르치는 책이 필요하다.

이 책은 지금까지의 신유사역을 통한 체험과 말씀을 토대로 하여 하나님나라의 복음적 관점에서 신유를 체계화하고자 했다. 즉, 하나님나라의 복음적 관점에서 예수 그리스도 안에서 재창조된 자의 온전한 삶과 육신의 치유에 대하여 정리하였다.

다른 말로는 '우리가 무엇을 어떻게 하면 치유를 얻어낼 수 있을까'라는 율법적인 관점이 아니라 '하나님께서 이미 주신 치유를 어떻게 하면 내 혼과 육에 나타나게 할 수 있을까'라는 은혜적 관점에서 기술했다는 말이다.

이 복음적 신유를 통하여 세상이 아니라 하나님나라에서, 신자가 아니라 자녀로서, 축복을 얻어내는 자가 아니라 하나님의 말씀을 이루는 자로서 새로운 차원의 삶을 체험하기를 간절히 소망한다.

이 책에 앞서 쓴 《왕의 기도》(규장, 2008)가 하나님의 자녀로서 왕 되신 예수님이 행하셨던 기도를 배우고 경험하는 내용이었고, 《치유기도》(규장, 2009)가 생명의 근원인 마음을 변화시키는 기도에 대한 내용이었다면, 이 책은 앞서 쓴 책들의 내용을 제외한 신유 전반에 대한 이론과 실제에 관한 것들을 체계적으로 정리한 것이라고 볼 수 있다. 따라서 신유를 더 깊이 체험하고자 하는 분은 앞의 두 책을 함께 읽어보시기를 권면한다.

이 책은 크게 두 부분으로 나누어져 있다. 1부에는 하나님 나라의 복음과 신유에 대한 이론, 2부에는 이 책을 읽는 독자들이 바로 적용해볼 수 있도록 신유를 체험하는 실제적인 방법을 담았다. 지금까지 오랜 기간 해온 치유사역의 경험을 토대로 성도들이 간과하기 쉽거나 잘 알지 못하는 부분에 대해 구체적이고 실제적으로 기술하고자 노력했다. 하나님나라의 복음에 기초한 치유의 메커니즘을 성경 말씀에 기초하여 설명하였다.

신유에 대해서 체계적으로 정리했지만, 이 책은 처음부터 차례로 읽을 필요가 없으며, 자신이 현재 가지고 있는 의문점이나 가장 알고 싶은 부분을 찾아서 읽어도 된다. 예를 들어 자신이 치유에 대해서 가지는 의문점이 있거나, 지금 당장 기도해야 되는데 어떻게 해야 될지 모르겠다면 목차 다음에 나오는 '찾아보기'를 참고해서 그 페이지로 가서 읽으면 된다. 그리고 그곳을 읽는 동안 또 다른 관심이나 의문이 생기면 다시 앞쪽의 '찾아보기'로 돌아가 필요한 페이지를 찾아서 읽으면 된다.

따라서 현재 질병을 앓고 있거나 기도했지만 치유가 되지 않는 분, 질병을 앓고 있는 자를 위해서 기도하거나 중보하고 있는 분, 특별히 하나님나라 복음적 관점에서의 치유사역을 체계적으로 알아보고자 하는 분들에게 가려운 데를 긁어주는 책이 될 것으로 기대한다.

당신이 이 책을 읽다보면 자연스럽게 하나님 자녀의 사고방식으로 변화될 것이고, 점점 더 하나님의 나라와 의를 구하고자 하는 갈망이 자라게 될 것이며, 당신의 마음과 육신의 질병이 치유된 것을 보게 될 것이다.

우리 영적 그리스도인들은 지금까지와는 다른 관점에서 자신과 세상을 볼 줄 알아야 한다. 먼저 하나님의 자녀로서의 권세와 능력이 무엇인지를 알아야 하며, 질병 이전에 온전한 강건함을 누려야 한다. 질병의 치유를 배우는 것보다 훨씬 더 중요한 것은 하나님이 이미 주신 건강을 유지하는 법을 아는 것이다. 그리고 설령 질병에 걸린다 하더라도 육신을 보전하기 위해서 또는 죽음을 두려워하기 때문에 치유되기를 소망하는 것이 아니라 하나님의 뜻을 이 땅에 나타냄으로 그분을 영화롭게 하기 위해서 치유받아야 한다.

잘못된 경험이나 믿음, 그리고 배움으로 인하여 자녀를 통하여 주의 말씀을 이 땅에 이루어가고자 하는 하나님의 뜻을 무시하거나 훼방하지 말아야 한다. 우리는 날마다 마음을 새롭게 하여 좁은 문으로 들어가야 하며, 생명의 길로 나아가야 한다. 그것은 바로 영적 생각으로 살아가는 것이다. 그럴 때 우리는 죄와 마귀의 일을 멸하고 신성한 건강을 누릴 수 있으며, 설령 질병에 걸린다 하더라도 예수 그리스도의 이름으로 자유롭게 될 수 있다.

이 책을 읽기에 앞서 먼저 성령님의 도우심을 청하고, 그 다음에 필요한 부분을 읽고 묵상해보기 바란다. 그럴 때 자신도 모르는 사이에 삶의 모든 부분에 성령의 인도함을 받고 하나님의 마음으로 하나님나라의 법을 적용하고 있는 당신을 발견하게 될 것이다.

"당신의 질병도 치유될 수 있다."

이것은 하나님의 약속이다. 설령 현실적으로 그렇지 못하다 할지라도 당신은 이 땅에서 하나님의 풍성한 생명을 누릴 수 있다.

내 백성이 지식이 없으므로 망하는도다 네가 지식을 버렸으니 나도 너를 버려 내 제사장이 되지 못하게 할 것이요 네가 네 하나님의 율법을 잊었으니 나도 네 자녀들을 잊어버리리라 호 4:6

자신의 삶을 주체하기도 어려운 시대에 오직 하나님의 나라와 의를 전하기 위해 함께하는 HTM 가족들과 동역의 기쁨을 나누며, 함께 문서 선교사역하는 규장의 동역자분들에게도 감사드린다.

헤븐리터치 미니스트리 대표

손기철

PART
1 하나님나라의 **복음과 치유**

PART
2 하나님의 치유, 그 실제와 체험

나가는 말

신유에 대해
가장 궁금한 질문 33가지

이 책을 처음부터 읽지 않아도 지금 궁금한 질문에 대한 답을 얻을 수 있습니다.
사용 예 **24(1)-48(4)** : 24페이지 첫째 줄부터 48페이지 넷째 줄까지 읽으세요.
읽은 부분은 □에 체크 표시(☑)하세요.

질 병 과
건 강

1 질병과 성경의 온전함(sacred health)은 어떤 관계가 있는가?
23(15)-26(7) □ 141(15)-143(8) □

2 살다가 질병을 앓는 것은 당연한 것 아닌가?
정말 건강하게 살 수 있는 것인가?
88(7)-91(12) □ 139(1)-143(6) □

3 의학과 믿음의 역사 중 어느 것을 신뢰해야 하는가?
하나님이 치유해주신다는 것을 믿는다면
병원에도 가지 말고 약도 끊어야 하는가?
151(13)-155 □ 277(1)-278(3) □

4 마음의 스트레스가 어떻게 육체의 질병을 일으키는가?
134(20)-137(8) □

5 잠재의식은 질병 치유에 어떤 영향을 미치는가?
143(11)-151(11) □

6 하나님이 주신 온전한 건강을 어떻게 누릴 수 있는가?
29(14)-33 □

우리는 하나님나라의 관점에서 신유가 무엇인지를 알아야 한다. 신유는 예수 그리스도로 인하여 우리가 신성한 새로운 피조물로 재창조되었다는 것을 알려주는 증거이다.

1
PART

하나님나라의
복음과 치유

chapter

01

알아야 누리고 치유할 수 있다

화두는 웰빙과 치유

오늘을 사는 사람들의 화두는 단연 웰빙과 치유일 것이다. 그런데 이 말은, 지금 우리의 삶이 건강하지 못하고 우리가 소망하는 것을 이루지 못하고 있음을 반증한다고도 볼 수 있다. 우리는 모두 행복, 풍성, 기쁨, 건강을 소망한다. 그럼에도 불구하고, 세월이 갈수록 죄악이 관영하고 사람의 마음의 계획은 날로 악해지고 있다. 그 결과, 수많은 환난과 고통 그리고 질병에 시달리는 사람들을 보게 된다.

일반적인 관점에서 보자면 과학과 의학의 발달로 인체의 수많은 비밀들이 밝혀지고 새로운 치료법이 개발되어 과거에는 죽을 수밖에 없었던 질병에 걸린 사람들이 살아나는 것을 볼 수 있다. 또한, 치유

법에 있어서도 서구의 전통적인 의학뿐만 아니라 동양의학, 보완·대체의학(CAM)까지 폭넓게 인정받고 활용되고 있으며, 치유에 접근하는 관점과 방법 역시 다양해졌다.

그럼에도 불구하고 과거에는 생각지도 못한 갖가지 새로운 질병들이 더 나타나고 있을 뿐 아니라, 나에게도 그런 질병이 찾아오지 않을까 하는 두려움과 불안으로 살아가는 사람들이 점점 더 늘어가는 실정이다.

한편, 기독교적인 관점에서 이야기해보자. 우리는 성경 말씀에 따라 신앙생활을 하고 있고 하나님은 우리를 치유하는 분이시라는 것을 알고 있음에도 불구하고, 오늘날 우리가 가장 배척하고 믿지 않는 것이 바로 성경적 치유이다.

하나님의 치유가 과학적 방식으로 증명되어야만 받아들일 수 있다는 주장과 더불어 하나님의 치유를 부정하기 위해 잘못된 신학적 이론을 주장하기도 한다. 심지어 하나님의 신유를 경험하기 위해 몸부림치는 성도들을 돕기는커녕 비난함으로써 그들의 믿음까지도 흔들리게 한다.

물론, 신유사역의 과거를 볼 때 하나님 보시기에 옳지 못한 일들을 행했던 사역자들도 있었고, 거짓된 치유나 미성숙한 사역자들도 있었다. 그렇다고 해서 하나님의 신유를 부정하거나 비난하는 것은 마치 구더기 무서워서 장 못 담그는 것과 같은 이치다.

이는 선지자 이사야를 통하여 하신 말씀에 우리의 연약한 것을 친히
담당하시고 병을 짊어지셨도다 함을 이루려 하심이더라 마 8:17

예수 그리스도는 어제나 오늘이나 영원토록 동일하시니라 히 13:8

우리는 하나님나라의 관점에서 신유가 무엇인지를 알아야 한다.
신유는 예수 그리스도로 인하여 우리가 신성한 새로운 피조물로 재
창조되었다는 것을 알려주는 증거이다.

그리스도인들은 하나님의 생명 안에서 하나님이 허락하신 연수
동안 강건함을 누려야 하고 보여주어야 한다. 설령 질병에 걸렸다
할지라도 하나님의 능력으로 치유함을 받는 것은 복음을 전하는 강
력한 수단이 된다.

당신은 건강한가?

신성한 건강(sacred health)은 우리의 영혼육이 온전한 것을 의미
한다. 그것은 하나님의 자녀인 우리가 하나님나라와 그 의를 구함
으로써 성령 안에서 생명의 말씀이 우리의 영과 혼과 육을 통치하는
상태를 말한다.

너희는 유혹의 욕심을 따라 썩어져 가는 구습을 따르는 옛 사람을

벗어 버리고 오직 너희의 심령이 새롭게 되어 하나님을 따라 의와 진리의 거룩함으로 지으심을 받은 새 사람을 입으라 엡 4:22-24

육신에 아무 문제가 없다고 해서 건강하다고 말할 수 없다. 우리의 영혼육은 서로 유기적으로 연결되어 있으며, 서로에게 영향을 미친다. 마음에 사랑과 기쁨이 충만할 때 육체의 신경계, 내분비계, 면역계 등이 정상적으로 작동한다는 것은 이미 여러 연구 결과 등을 통해 잘 알려져 있다.

반대로 마음에 염려, 걱정, 근심, 불안, 두려움, 우울, 절망, 분노, 원통함 등의 감정이 있다면 이미 그 사람의 혼에 문제가 생긴 것이며, 육체의 질병 역시 일어날 잠재적 요소를 가지고 있는 것이다. 우리 마음에 심는 대로 육신과 환경을 통해 거두게 되는 것이다.

오늘날 과학은 병원균으로 인한 질병 외에 육신적 질병의 상당수가 마음에서 비롯된다는 사실을 밝히고 있다. 특별히 오늘날 가장 큰 문제가 되는 암이나 성인병은 대부분 과거의 상처와 쓴뿌리, 삶의 다양한 스트레스로부터 기인하는 경우가 많다.

물론 병이 생기는 원인은 다양하다. 이밖에도 질병이 생기는 원인은 크게 유전적 요인, 환경적 요인, 식습관, 생활습관 등을 들 수 있다. 이런 부분을 개선하기 위해 유전자 치료, 친환경 건축자재 개발, 식이요법, 푸드테라피(Food therapy), 명상, 잠재의식의 훈련, 긍정적 사고 등 수많은 치료법이 소개되고 있다.

진정으로 건강한 상태

많은 사람들은 현재 상태에서 어떤 문제가 발생했을 때, 그 문제를 제거하는 것이 치유라고 생각한다. 그러나 정말 그것이 전부일까? 진짜로 문제가 되는 것은 그 상태 이면의 삶 속에 숨어 있는데, 우리는 그것을 제대로 깨닫지 못하고 있다. 좀 더 정직하게 말하자면, 질병의 궁극적인 원인에 직면하고 싶지 않은 것이다.

우리 스스로는 물론이고 의사들도 이 문제를 건드리는 것을 좋아하지 않는다. 예를 들어, 어느 환자에게 심장병이 생겼다고 하자. 의사가 "이것은 당신 부부가 서로 싸우기 때문이며, 그 원인은 당신이 가지고 있는 못난 열등감이란 상처 때문입니다. 그러니 그 열등감을 먼저 치유하세요"라고 말했다고 하자. 환자의 반응이 어떻겠는가? "별 이상한 의사 다 보겠네. 심장병이나 치료하지, 왜 제대로 알지도 못하는 남의 집 가정사를 건드려요? 당신이 내 삶을 어떻게 안다고?" 하며 따질 것이다.

오늘날 주로 이루어지는 치료 과정을 살펴보면, 질병의 근원과 증상을 동시에 보지 않고 한쪽으로 치우쳐 있음을 보게 된다. 즉, 원인을 치료하기보다는 겉으로 보이는 증상에 대해서만 처치하는 대증요법(symptomatic treatment, 對症療法)의 차원에서 접근하고 있다. 인간은 영혼육으로 이루어져 있어 서로 긴밀한 상호 영향을 끼치고 있는데, 전인적인 접근보다는 부분적이고 증상 중심의 치유를 행하고 있는 것이다.

그렇다면 우리의 영혼육의 불균형으로 인한 갖가지 질병과 고통을 일으키는 가장 근원적인 원인은 무엇일까? 현대의학은 이 부분에 대해 함구하고 있다. 사실, 의료행위는 타락한 인간이 어쩔 수 없이 맞이하는 문제들을 스스로 해결하기 위한 최선의 방법이다. 그러나 그것은 결코 근원적인 치료책이 될 수 없다. 건강한 삶이란 하나님의 영(靈)에 인간의 혼과 육이 일치됨으로써 하나님이 창조하신 본래 목적대로 사는 것이기 때문이다.

질병의 궁극적 원인은 무엇인가?

오늘날 우리가 잘 알고 있는 질병의 원인은 대부분 오늘날 과학이 발견한 것을 토대로 하고 있다. 그리스도인인 우리는 이와 더불어 질병과 죽음을 성경적 관점에서 볼 줄 알아야 한다. 인간은 사탄에게 속아 자신의 위치를 버리고 하나님께 반역했다. 그 결과, 하나님의 영적 생명이 떠남으로써 하나님이 본래 지으신 대로 살 수 없고, 하나님의 본성을 나타낼 수 없게 되었다.

한 인간의 죄는 모든 인간에게 전가되었으며, 그 결과 모든 인간은 죄 가운데서 태어났고, 사탄은 합법적인 권세와 능력을 가지고 인간을 파괴했다. 사탄의 본성을 지닌 인간은 자기 마음과 육신이 원하는 대로 살게 되었으며, 이것이 인간의 마음과 육신의 질병, 유전자의 돌연변이, 환경 파괴, 잘못된 관계, 식습관과 생활습관의 변질 등의 근본적인 원인이다. 질병이란 죄와 마귀의 통치로 인한 전인적인 인간의 손상을 의미하며, 결국 우리를 죽음으로 몰아간다.

> 그러므로 한 사람으로 말미암아 죄가 세상에 들어오고 죄로 말미암아 사망이 들어왔나니 이와 같이 모든 사람이 죄를 지었으므로 사망이 모든 사람에게 이르렀느니라 롬 5:12

아담과 하와의 죄는 하나님과의 관계 단절이란 영적 죽음과 동시에 흑암의 권세 아래 혼과 육이 죄를 지음으로써 육체적인 죽음을 초래했다. 즉, 질병은 우리가 죄 아래 있는 이상 피할 수 없는 결과로써 발생된 것이다. 반대로 생각하면, 죄가 없다면 질병도 없다는 말이다. 하나님나라에는 질병도, 죽음도 없다. 창세기와 요한계시록의 말씀을 살펴보면, 인간을 창조하신 하나님의 목적에 질병과 죽음과 고통이 없었음을 알 수 있다.

이런 관점에서 볼 때, 하나님은 인간의 죽음과 질병의 원인 제공자가 아니시다. 하나님은 우리가 영원히 온전하기를 원하신다. 죽음과 질병의 원인을 제공한 것은 인간이 하나님을 거부하도록 속인 사탄과 그의 거짓말에 넘어간 인간이 지은 죄와 죄악이다. 결국 인간이 하나님의 법 밖에 사는 것, 즉 죄를 짓는 것과 세상을 통치하는 사탄의 권세는 질병과 고통과 불가분의 관계에 있다고 할 수 있다. 사탄은 지금도 우리를 죽이기 위해 혈안이 되어 있다.

도둑이 오는 것은 도둑질하고 죽이고 멸망시키려는 것뿐이요 내가
온 것은 양으로 생명을 얻게 하고 더 풍성히 얻게 하려는 것이라
요 10:10

근신하라 깨어라 너희 대적 마귀가 우는 사자같이 두루 다니며 삼킬
자를 찾나니 벧전 5:8

이렇듯 질병의 궁극적인 원인은 직간접적인 죄 때문이다. 이를 크
게 네 가지로 나누어 설명할 수 있다.

첫째, 자신이 의도적으로 지은 죄 때문이다.

둘째, 자신이 의도적으로 짓지는 않았지만 자신도 모르는 사이에
지은 죄 때문이다.

셋째, 자신과는 상관없지만 죄와 저주 가운데 거하기 때문이다(죄
의 연대성과 집단성의 영향, 죄로 더럽혀진 환경).

넷째, 이 세상에 여전히 존재하는 죄의 세력 때문이다.

즉 우리의 질병이 직간접적인 죄 때문이긴 하지만, 그렇다고 그 정
확한 원인이 모두 밝혀질 수도 없으며 나와 직접적인 상관관계가 있
다고 말할 수 없는 경우도 많다. 예를 들어, 유전적인 질병, 죄악된
사회, 오염된 환경 등에서 기인한 경우 등이다. 분명한 것은 하나님
께서 법을 만드셨고, 그 법을 벗어날 때 자연적 법칙의 결과로 일어
나는 것들이 질병과 고통이란 것이다. 이는 곧 하나님의 법 바깥쪽

은 사탄의 권한에 속한다는 의미이다.

질병이 우리를 죄에서 돌이켜 하나님께로 향하게 하기 때문에 '저주 속에 감춰진 축복'이라고 생각하는 것은 잘못된 성경 이해에 기초한 것이다. 예수님은 많은 치유사역을 베푸시는 동안 한 번도 질병을 축복이라고 말씀하신 적이 없다. 질병 자체는 하나님이 주신 복도, 영광도 아니다. 단지 죄의 직간접적인 영향 아래 사는 인간이 맞게 된 자연스런 결과일 뿐이다.

그러나 죄에서 떠나 병 고침을 받는 것은 하나님의 은혜이다. 공의로우신 하나님의 사랑을 체험하는 것이 신유이다. 하나님이 베푸시는 치유는 하나님의 본체이신 아들 예수 그리스도를 십자가에 못 박으실 정도로 우리에 대한 사랑을 보여주시는 증거이기 때문이다.

새로운 피조물로 살자

우리는 그동안 진리를 추구하는 데 전념을 다해왔지만, 그 진리를 각자의 삶에 적용하는 일은 등한시해왔다. 그 결과로 진리의 말씀이 주어졌지만, 그 말씀의 실체를 경험하는 것은 정말 희귀한 시대가 되어버렸다.

이는 젖을 먹는 자마다 어린아이니 의의 말씀을 경험하지 못한 자요
히 5:13

우리가 진정으로 그리스도인의 삶을 살고 세상에 살아 계신 하나님을 알리기 위해서는 단지 말씀을 깨닫는 데만 전심을 다할 것이 아니라, 그 말씀을 통하여 말씀이신 하나님과 만나고 교제하고 그 말씀의 실체가 내 삶에 나타나도록 해야 한다. 이것이 바로 영혼육의 온전함이요, 강건함이다.

세상이 너무나 어둡고 악하다. 그러나 바로 그렇기 때문에 지금 이야말로 우리에게는 그리스도인으로서 최고의 삶을 보여줄 수 있는 절호의 기회이다. 도래한 하나님나라에서 하나님의 자녀로서 살며, 주님의 은혜를 누리고 주님의 빛을 나타낼 때 더할 나위 없는 복음 전도의 기회가 될 것이다.

그런데 안타깝게도 많은 그리스도인들이 기독교 신자로서 종교 활동은 열심히 하지만, 자신의 혼과 육을 통하여, 그리고 자신의 가정과 일터를 통하여 하나님의 영광(법)을 온전히 드러내지는 못하고 있다. 사는 동안 주어지는 질병이나 고통을 자연스럽고 당연한 일이라 여기면서, 하나님은 선하신 분이기 때문에 우리가 간구하면 그 질병을 때로 치유하시기도 한다고 믿는다.

우리는 이렇게 늘 현실에 기초한 나를 기준으로 살아가고 있다. 그러나 우리가 예수 그리스도 안의 새로운 피조물이라면 본질에 기초한 나를 기준으로 살아가야 한다. 하나님이 치유하시는 분이기 이전에 이미 우리를 온전하게 하신 분이란 사실을 믿어야 한다. 우리가 이 사실을 믿지 않기 때문에 당하지 말아야 할 질병과 고통을 겪고 있는 경우가 많다고 생각된다.

우리가 육체 가운데 살 때는 예수 그리스도 안에 있는 믿음으로 살아야 한다(갈 2:20). 하나님께서는 (현실적으로 발생한) 병을 치유하는 분이실 뿐 아니라 우리가 (본질적으로) 병들지 않도록 온전하게 하신 분이다. 우리는 이 진리를 믿음으로 받아들여야 한다. 그렇게 함으로써 믿는 우리는 항상 하나님의 생명이 우리의 혼과 육에 풀어짐으로 인한 신성한 건강을 보여주는 삶을 살아야 한다. 그것이 하나님의 뜻이다.

주의 도를 땅 위에, 주의 구원을 모든 나라에게 알리소서 시 67:2

사랑하는 자여 네 영혼이 잘됨같이 네가 범사에 잘되고 강건하기를 내가 간구하노라 요삼 1:2

데살로니가 5장 23절의 말씀을 다시 한번 보라. 우리의 영혼육이 온전치 않기 때문에 온전하게 되려고 노력하는 것이 아니라 하나님으로 인하여 이미 온전하게 되었지만 마귀에게 틈을 줌으로써 흠이 나지 않도록 날마다 성령과 말씀으로 자신을 새롭게 해야 한다.

평강의 하나님이 친히 너희를 온전히 거룩하게 하시고 또 너희의 온 (온전한, 완전한 - 저자 주) 영과 혼과 몸이(your whole spirit and soul and body, KJV, NIV, NLT) 우리 주 예수 그리스도께서 강림하실 때에 흠 없게 보전되기를 원하노라 살전 5:23

우리가 그리스도인으로서 신성한 건강을 드러내는 온전한 삶을 살기 위해선 첫 번째로, 우리 안에 하나님의 생명, 즉 영생(eternal life)이 있음을 알아야 한다.

또 증거는 이것이니 하나님이 우리에게 영생을 주신 것과 이 생명이 그의 아들 안에 있는 그것이니라 아들이 있는 자에게는 생명이 있고 하나님의 아들이 없는 자에게는 생명이 없느니라 요일 5:11,12

두 번째로, 하나님께서 우리의 혼과 육을 통치하도록 모든 일에 우리 자신을 내어드리고, 성령님이 당신을 새롭게 하고 있다는 것을 받아들여라. 제발 당신이 현재 온전치 못하기 때문에 새롭게 해달라고 기도하지 말라. 하나님께서 계속적으로 새롭게 하시고 있다는 것을 받아들여라.

만일 우리가 성령으로 살면 또한 성령으로 행할지니(Since we are living by the Spirit, let us follow the Spirit's leading in every part of our lives, NLT) 갈 5:25

오직 너희의 심령이 새롭게 되어(Let the Spirit renew your thoughts and attitudes, NLT) 엡 4:23

세 번째로, 예수님은 지금도 우리의 죄만 사하시는 것이 아니라 우리의 연약함을 친히 담당하시고 병을 짊어지고 계시다는 사실을 알아야 한다. 따라서 우리의 약함과 질병을 치유해달라고 간구하는 대신에 그것들을 믿음으로 주님께 드려라.

우리를 온전케 하는 하나님나라의 복음적 관점에서 볼 때, 치유는 죄 사함의 부차적인 혜택이 아니라 복음의 핵심 요소이다! 지금 당신의 마음과 육신의 상태와 상관없이 심령으로부터 하나님의 생명이 흘러나와 당신의 혼과 육을 운행하고 계시며, 하나님의 사랑이 흘러나오고 있다는 것을 믿음으로 받아들여라. 예를 들어, 당신의 몸이 물이 흐르는 파이프라고 생각해보라. 그리고 그 파이프 내면이 물의 흐름을 감지하는 것처럼 느껴보라. 설령 지금 이 순간에 질병이 있고 통증이 있다 하더라도 내 심령에서는 하나님의 생명이 흘러나오는 것을 그려볼 줄 알아야 한다. 그럴 때 당신의 혼과 육에 놀라운 일이 벌어질 것이다.

chapter
02
새 언약 아래서 질병은 불법이다

구약과 신약의 차이

구약은 우리가 사탄으로 인하여 타락함으로써 하나님으로부터 얼마나 멀어졌는지, 그리고 죄가 무엇인지에 대해 율법을 통하여 알려주는 것이다. 그리고 율법을 지키고 행하면 하나님이 주시는 복과 생명을 누릴 수 있지만, 지키지 못할 경우에는 사망과 저주 아래 놓이게 된다고 가르친다.

네가 만일 네 하나님 여호와의 말씀을 순종하지 아니하여 내가 오늘 네게 명령하는 그의 모든 명령과 규례를 지켜 행하지 아니하면 이 모든 저주가 네게 임하며 네게 이를 것이니 신 28:15

그러나 어떤 인간도 율법을 지키고 행함으로써 율법의 저주에서 벗어날 수는 없다. 왜냐하면 죄악된 인간은 자신의 노력으로 율법의 요구대로 모든 것을 항상 행할 수 없기 때문이다.

무릇 율법 행위에 속한 자들은 저주 아래에 있나니 기록된 바 누구든지 율법 책에 기록된 대로 모든 일을 항상 행하지 아니하는 자는 저주 아래에 있는 자라 하였음이라 갈 3:10

때가 이르자 하나님께서는 타락한 인간의 죄를 사하시고 다시 자녀를 통하여 이 땅을 친히 통치하시기 위해 죄 없으신 예수님을 인자(人子)로 보내셨다. 성령으로 잉태하여 동정녀에게서 태어난 예수 그리스도께서는 하나님의 뜻이 무엇인지를 선포하고 보여주셨다. 또한 우리가 죄 사함을 받고 저주에서 벗어나 다시 하나님의 자녀가 되도록 하시기 위해 친히 우리의 죄를 담당하셨다. 그것이 바로 십자가 사건이다.

그리스도께서 우리를 위하여 저주를 받은 바 되사 율법의 저주에서 우리를 속량하셨으니 기록된 바 나무에 달린 자마다 저주 아래에 있는 자라 하였음이라 갈 3:13

이제 우리는 더 이상 율법을 지킴으로써 의롭게 되는 것이 아니라 우리의 죄를 친히 담당하시고 율법의 저주가 되신 예수 그리스도를 믿음으로 의롭게 되는 것이다.

사람이 의롭게 되는 것은 율법의 행위로 말미암음이 아니요 오직 예수 그리스도를 믿음으로 말미암는 줄 알므로 우리도 그리스도 예수를 믿나니 이는 우리가 율법의 행위로써가 아니고 그리스도를 믿음으로써 의롭다 함을 얻으려 함이라 율법의 행위로써는 의롭다 함을 얻을 육체가 없느니라 갈 2:16

우리가 예수 그리스도를 믿을 때 우리의 죄가 사해졌을 뿐 아니라 부활하신 예수님이 그리스도의 영으로 우리 안에 오심으로 인해 우리는 하나님의 자녀가 되었다. 예수 그리스도 안에서 새로운 피조물이 된 것이다.

이와 같이 우리도 어렸을 때에 이 세상의 초등학문 아래에 있어서 종노릇 하였더니 때가 차매 하나님이 그 아들을 보내사 여자에게서 나게 하시고 율법 아래에 나게 하신 것은 율법 아래에 있는 자들을 속량하시고 우리로 아들의 명분을 얻게 하려 하심이라 너희가 아들이므로 하나님이 그 아들의 영을 우리 마음 가운데 보내사 아빠 아버지라 부르게 하셨느니라 그러므로 네가 이 후로는 종이 아니요 아들이니 아들이면 하나님으로 말미암아 유업을 받을 자니라 갈 4:3-7

이제 우리는 구약에서처럼 스스로 율법을 지키고 행함으로써 하나님의 복과 형통을 얻어내는 존재가 아니라 우리 안에 계신 그리스도께서 이미 이루신 약속의 말씀을 이 땅의 삶 가운데서 실제로 이루어나가는 존재가 된 것이다. 이것이 바로 구약과 신약의 차이이다.

구약에 있어서 삶의 주체는 자기 자신이다. 자신의 행위에 대한 보상으로 살아가며, 율법을 지킬 때에만 그 율법의 약속이 이루어진다. 그러나 신약에 있어서 삶의 주체는 더 이상 우리 자신이 아니라 우리 안에 계신 그리스도이시다. 또한 삶의 모든 필요와 공급은 우리의 행위와 공로에 기반을 두는 것이 아니라 예수 그리스도께서 이미 행하신 것에 대한 믿음으로 말미암아 은혜로 주어지는 것이다.

구약과 신약의 차이를 질병과 치유에 적용해보자. 하나님은 스스로를 가리켜 '치료하시는 하나님(여호와 라파)'이라고 나타내셨다. 하나님께서는 죄로 말미암아 고난과 질병으로 고통 받는 이스라엘 백성을 향해 주님의 말씀을 지키고 행할 때 온전케 하며, 질병으로 고통 받을지라도 치료하겠다고 말씀하셨다.

이르시되 너희가 너희 하나님 나 여호와의 말을 들어 순종하고 내가 보기에 의를 행하며 내 계명에 귀를 기울이며 내 모든 규례를 지키면 내가 애굽 사람에게 내린 모든 질병 중 하나도 너희에게 내리지 아니하리니 나는 너희를 치료하는 여호와임이라 출 15:26

그러나 말씀을 자세히 보면, 하나님의 법 밖에서 죄를 지으며 타락한 삶을 사는 자에게는 죄에 대한 심판으로 고난과 질병으로 고통 받게 하셨음을 알 수 있다. 또한 하나님이 우리를 치유하는 분이신 것은 틀림없지만 실제로 우리가 치유받기란 불가능하게 여겨진다. 왜냐하면 누구도 이 말씀대로 살 수 없기 때문이다. 이것이 바로 구약이다.

그렇다고 해서 하나님이 죄를 지은 자에게 일부러, 의도적으로 질병과 고통을 주시는 것은 아니다. 단지 하나님의 법 밖에 있을 때 인간은 고통 받을 수밖에 없다는 것이다. "애굽 사람에게 '내린' 모든 질병"과 "너희에게 '내리지' 아니하리니"는 하나님께서 질병을 주시는 분이 아니라 우리의 죄로 말미암아 그렇게 될 수밖에 없는 것을 허락하신다는 뜻이다.

예수 그리스도와 치유

예수님이 공생애 사역을 시작하실 때 선포하셨던 말씀을 생각해 보자.

주의 성령이 내게 임하셨으니 이는 가난한 자에게 복음을 전하게 하시려고 내게 기름을 부으시고 나를 보내사 포로 된 자에게 자유를, 눈 먼 자에게 다시 보게 함을 전파하며 눌린 자를 자유롭게 하고 주

의 은혜의 해를 전파하게 하려 하심이라 하였더라 눅 4:18,19

이 말씀을 하나하나 떼어서 구체적으로 살펴보자. 예수님은 무엇
을 원하셨는가?

◆ 가난한 자에게 복음을 전하게 하시려고 : 예수님은 영혼이 가
  난한 자뿐만 아니라 실제로 세상에서 의지할 것이 없는 가난한
  자들에게 좋은 소식을 전하기 원하셨다.
◆ 내게 기름을 부으시고 : 하나님 영광의 임재 안에서 하나님의
  권능이 나타나게 되었다.
◆ 포로 된 자에게 자유를 : 환경과 상황과 처지에 마음이 묶여 있
  는 자들을 자유롭게 하기 원하셨다.
◆ 눈 먼 자에게 다시 보게 함을 전파하며 : 육신의 질병을 치유하
  기 원하셨다.
◆ 눌린 자를 자유롭게 하고 : 하나님의 자녀들을 악한 영의 묶임
  에서 자유롭게 하기 원하셨다.
◆ 주의 은혜의 해를 전파하게 하려 하심이라 하였더라 : '주의 은
  혜의 해'는 하나님나라가 임했을 때 주어지는 것이다. 예수님은
  위의 일들을 통해 마침내 하나님나라가 이 땅에 임했다는 좋은
  소식을 전하기 원하셨다.

예수님은 이 말씀을 마치시고 이 일들이 앞으로 성취될 것이 아니라 완료되었다고 선포하셨다.

책을 덮어 그 맡은 자에게 주시고 앉으시니 회당에 있는 자들이 다 주목하여 보더라 이에 예수께서 그들에게 말씀하시되 이 글이 오늘 너희 귀에 응하였느니라 하시니 눅 4:20,21

그리고 그분은 실제로 각 마을을 다니시며 이 말씀이 성취된 것을 보여주셨다.

예수께서 모든 도시와 마을에 두루 다니사 그들의 회당에서 가르치시며 천국 복음을 전파하시며 모든 병과 모든 약한 것을 고치시니라 마 9:35

구약의 예언과 신약의 완성
이제 인간이 가질 수밖에 없는 고난과 질병에 대한 구약의 예언과 신약에서의 그 완성을 살펴보자.

주 여호와의 영이 내게 내리셨으니 이는 여호와께서 내게 기름을 부으사 가난한 자에게 아름다운 소식을 전하게 하려 하심이라 나를 보내사 마음이 상한 자를 고치며 포로된 자에게 자유를, 갇힌 자에게 놓임을 선포하며 여호와의 은혜의 해와 우리 하나님의 보복의 날을 선포하여 모든 슬픈 자를 위로하되 무릇 시온에서 슬퍼하는 자에게 화관을 주어 그 재를 대신하며 기쁨의 기름으로 그 슬픔을 대신하며 찬송의 옷으로 그 근심을 대신하시고 그들이 의의 나무 곧 여호와께서 심으신 그 영광을 나타낼 자라 일컬음을 받게 하려 하심이라 사 61:1-3

그러나 내가 하나님의 성령을 힘입어 귀신을 쫓아내는 것이면 하나님의 나라가 이미 너희에게 임하였느니라 마 12:28

또 그들에게 이르시되 내가 진실로 너희에게 이르노니 여기 서 있는 사람 중에는 죽기 전에 하나님의 나라가 권능으로 임하는 것을 볼 자들도 있느니라 하시니라 막 9:1

우리가 율법을 지켰기 때문에 치유를 받는 것이 아니라, 하나님의 아들이신 예수 그리스도를 믿고 그분 안에 거하기 때문에 그분이 우리를 위해 행하신 것과 약속의 말씀을 믿음으로 삶 가운데서 그 말씀의 실체를 누릴 수 있다. 할렐루야! 이것이 복음이다. 이 복음은 죽고 난 다음 천당에서 누리는 것이 아니라 바로 지금 이 땅에서 예수 그리스도 안에 있는 자가 누구나 누려야 하는 것이다.

예수님은 이 복음을 세상에 전하시고 또 우리에게 임하게 하시기 위해 죽으시고 부활하심으로 사망권세를 이기셨다. 그리고 약속하신 보혜사 성령님을 보내주셨다. 그 결과로 우리는 하나님의 자녀로서 하나님과 생명적 관계를 맺으며 주님의 뜻을 이루는 삶을 살아가는 것이다.

신약의 대부분을 기록한 사도 바울은 회심 전에 이 복음을 부끄러워했다. 왜냐하면 자신의 행위나 공로 없이 오직 믿음으로 주의 은혜를 누린다는 것을 도저히 받아들일 수 없었기 때문이다. 그는 가장 종교적인 사람이었지만 가장 비복음적인 사람이었다. 그러나 예수 그리스도를 만난 다음 성령충만을 받은 그는 더 이상 복음을 부끄러워하지 않았을 뿐만 아니라 이 복음이 믿는 자에게 구원(헬, sozo - 구원, 치유, 해방, 온전함)을 주시는 하나님의 능력임을 전했다.

내가 복음을 부끄러워하지 아니하노니 이 복음은 모든 믿는 자에게 구원을 주시는 하나님의 능력이 됨이라 먼저는 유대인에게요 그리고 헬라인에게로다 복음에는 하나님의 의가 나타나서 믿음으로 믿음에 이르게 하나니 기록된 바 오직 의인은 믿음으로 말미암아 살리라 함과 같으니라 롬 1:16,17

우리가 복음이 무엇인지를 안다면 예수님이 말씀하시고 행하셨던 것처럼 우리도 주님의 뜻을 우리 삶 가운데서 이루어나가야 한다.

믿는 자들에게는 이런 표적이 따르리니 곧 그들이 내 이름으로 귀신을 쫓아내며 새 방언을 말하며 뱀을 집어 올리며 무슨 독을 마실지라도 해를 받지 아니하며 병든 사람에게 손을 얹은즉 나으리라 하시더라 주 예수께서 말씀을 마치신 후에 하늘로 올려지사 하나님 우편에 앉으시니라 제자들이 나가 두루 전파할 새 주께서 함께 역사하사 그 따르는 표적으로 말씀을 확실히 증언하시니라 막 16:17-20

이런 일들을 우리 삶 속에서 경험하는 것은 우리가 단지 예수 그리스도를 믿기 때문이 아니라 그 믿음의 결과로 우리 심령 안에 계신 성령께서 우리의 혼과 육을 통치하심으로 주님의 말씀이 풀어지기 때문이다. 그것이 바로 성경에서 말하는 "믿는 자들에게는"이란 말의 뜻이다(이 부분에 대해서는 6장에서 보다 구체적으로 배울 수 있다).

하나님나라의 복음과 치유

온전한 치유는 하나님의 생명 가운데서 우리의 영혼육이 우리를 지으신 그분의 형상과 모양대로 회복되는 것이다. 하나님의 뜻을 이루기 위해서 이 땅에 오신 예수님이 행하신 일들을 다시 생각해보라. 그분은 하나님나라의 복음을 전하시고 우리의 모든 고난과 질병을 치유해주셨다.

예수께서 온 갈릴리에 두루 다니사 그들의 회당에서 가르치시며 천국 복음을 전파하시며 백성 중의 모든 병과 모든 약한 것을 고치시니

마 4:23

예수께서 모든 도시와 마을에 두루 다니사 그들의 회당에서 가르치시며 천국 복음을 전파하시며 모든 병과 모든 약한 것을 고치시니라

마 9:35

가면서 전파하여 말하되 천국이 가까이 왔다 하고 병든 자를 고치며 죽은 자를 살리며 나병환자를 깨끗하게 하며 귀신을 쫓아내되 너희가 거저 받았으니 거저 주라 마 10:7,8

예수님이 하나님나라의 복음을 전하시며, 병든 자를 치유하시고, 귀신을 내어쫓으신 것은 너무나도 당연한 일이었다. 왜냐하면 하나님나라의 복음은 바로 하나님이 다시 통치하신다는 좋은 소식이기 때문이다. 우리가 하나님께 돌아갈 때 모든 죄가 사라지고 마귀의 통치가 끝이 난다. 그 결과로 우리가 하나님 자녀의 형상을 회복하는 것이 바로 하나님께서 진정으로 원하시는 것이다.

예수님은 문제를 해결하기 위해 접근하지 말고, 문제의 근원으로 돌아가라고 말씀하신다. 그것이 바로 "너희는 먼저 그의 나라와 그의 의를 구하라 그리하면 이 모든 것을 너희에게 더하시리라"(마

6:33)라는 말씀이다. 성령님을 통한 그분의 통치 아래서(이것이 '그의 나라'이다) 영이요 생명이신 말씀으로 우리의 마음이 하나님의 마음에 일치되는 삶(이것이 '그의 의'이다)을 사는 것이다. 그럴 때 하나님나라의 질서인 '기적'이 일어난다.

우리는 예수님이 전하신 하나님나라의 복음을 통해 질병에 대한 하나님 아버지의 뜻을 알아야 한다. 우리가 예수 그리스도 안에서 새로운 피조물이 되었다는 것은 그분 안에서 온전하고 건강하고 새로운 삶을 살도록 재창조되었다는 것이다. 이 말씀은 하나님께서 우리의 질병을 치유하시는 분이기 이전에 하나님의 자녀인 우리가 질병 없이 하나님의 온전함을 누리도록 우리를 보호하시는 분이라는 것이다.

이로써 우리도 듣던 날부터 너희를 위하여 기도하기를 그치지 아니하고 구하노니 너희로 하여금 모든 신령한 지혜와 총명에 하나님의 뜻을 아는 것으로 채우게 하시고 골 1:9

하나님은 모든 사람을 치유하기 원하신다

많은 그리스도인들이 치유에 대해 배워온 두 가지 잘못된 가르침이 있다. 하나는 "만일 하나님의 뜻이라면"의 관점과 "하나님의 은혜를 얻어내기 위해서는 하나님을 설득해야 한다"의 관점이다. 첫 번

째의 관점은 이런 뜻을 포함하고 있다.

"하나님은 전지전능하십니다. 따라서 우리의 질병을 얼마든지 치유하실 수 있는 분입니다. 그분이 원하시면 무엇이든지, 언제든지 하실 수 있습니다. 하지만 하나님이 나를 치유하기 원하시는지는 잘 모릅니다."

하나님의 능력은 의심하지 않지만, 하나님의 의지에 대해서는 확신할 수 없다는 것이다.

두 번째 관점은 이런 뜻을 포함하고 있다.

"지금 내 삶의 태도와 행실을 볼 때 하나님이 어떻게 나를 치유해주시겠어. 그렇지만 내가 앞으로 더 거룩한 삶을 살고, 간절하고 끈질기게 기도하고, 헌신적으로 주님을 사랑한다면 하나님이 분명히 나를 치유해주실 거야."

이런 관점에 대해 가장 올바른 답을 얻을 수 있는 것은 예수님의 공생애 사역과 우리를 위한 구원 사역이다. 예수님은 이 땅에 오신 하나님이시며, 육신으로 하나님을 나타내는 삶을 사셨다. 주님의 능력은 알지만 그분의 의지에 대해서 의심했던 나병환자가 예수님께 청했을 때 예수님이 어떻게 하셨는지 살펴보자.

예수께서 산에서 내려오시니 수많은 무리가 따르니라 한 나병환자가 나아와 절하며 이르되 주여 원하시면 저를 깨끗하게 하실 수 있나이다 하거늘 예수께서 손을 내밀어 그에게 대시며 이르시되 내가 원하

노니 깨끗함을 받으라 하시니 즉시 그의 나병이 깨끗하여진지라

마 8:1-3

예수님은 망설임 없이 그에게 손을 내밀어 깨끗게 하셨다. 또한 구원은 우리의 행위나 공로와 상관없이 하나님의 일방적인 은혜에 대한 우리의 믿음으로 이루어진다. 그리고 이것은 죄 사함뿐만 아니라 치유를 포함하여 죄와 마귀로 인해 고통 받는 모든 것의 회복을 의미한다.

너희는 그 은혜에 의하여 믿음으로 말미암아 구원을 받았으니 이것은 너희에게서 난 것이 아니요 하나님의 선물이라 엡 2:8

구원이 은혜로 인하여 믿음으로 받는 것이라면, 치유도 은혜로 인하여 믿음으로 주어지는 것이다. 그러나 구원받은 자는 선한 생각과 행동으로 살아가야 한다. 선한 생각과 행동을 하는 것은 구원을 얻기 위한 조건이 아니라, 하나님이 베푸신 은혜를 누리기 위한 동기이다. 마찬가지로 치유를 받기 위해서 우리의 행위나 공로가 필요한 것이 아니라 하나님께서 이미 은혜로 베푸신 것을 누리기 위한 동기로서 믿는 대로 행해야 한다.

이 사실을 깨닫는다면, "하나님께서 정말로 우리를 치유하기 원하시는가?" 또는 "하나님께서는 오늘날에도 우리를 치유하시는가?"

라는 등의 질문은 하나님을 알지 못하기 때문에 나온 인간의 어리석은 생각일 뿐임을 알게 될 것이다. 정말 우리가 가져야 할 태도는 "우리가 하나님의 치유를 받아들이고자 하는 마음이 있는가?"이다. 그분은 오늘도 우리를 기꺼이 치유하신다.

예수 그리스도는 어제나 오늘이나 영원토록 동일하시니라 히 13:8

하나님은 항상, 언제나, 기꺼이 우리를 치유하신다. 그러나 분명히 알아야 할 사실은, 하나님께서는 기적을 기꺼이 베푸시기 원하지만 그것을 누리는 것은 우리의 몫이라는 것이다. 다른 말로, 하나님은 기꺼이 치유를 베푸시지만, 그렇다고 모든 사람이 다 치유 받지는 않는다는 것이다. 그 이유는 하나님이 이미 행하신 일(뜻이 하늘에서 이루어진 것)과 우리가 믿고 행해야 할 일(땅에서도 이루어지이다)을 제대로 알지 못하기 때문이다.

예수님의 구원 사건을 통해 하나님의 모든 은혜가 우리에게 임했기 때문에 이제는 우리가 믿음으로 그 말씀을 받고, 믿는 대로 행할 줄 알아야 한다. 그것이 바로 도래한 하나님나라에서 하나님의 자녀가 날마다 배우고 체험해야 할 일이다.

네가 보거니와 믿음이 그의 행함과 함께 일하고 행함으로 믿음이 온전하게 되었느니라 약 2:22

만약 하나님의 절대주권과 은혜 베푸심, 그리고 우리의 책임을 제대로 알지 못하면 마땅히 우리가 해야 할 일을 행하지 않게 되고, 올바른 진리를 알지 못하기 때문에 모든 것을 주님의 뜻으로 미루거나, 믿는 대로 행동하는 것이 두렵기 때문에 골방에서 기도만 하거나, 주님의 약속을 붙들었는데도 치유되지 않음으로 인해 자신에게 믿음이 없다며 스스로를 정죄하게 된다. 혹은 하나님은 오늘날에는 우리를 치유하지 않으신다는 이상한 신학을 붙들거나, 하나님의 주권에 대한 절대적 순종이라는 미명 하에 자신이 마땅히 해야 할 책임을 하나님께 돌리는 책임전가 신앙을 갖게 된다.

치유하시는 이유

인간의 관점에서 생각하자면 하나님이 우리를 치유하지 않으실 수많은 이유가 있겠지만, 새 언약의 관점에서 보자면 하나님이 우리를 치유하지 않으시는 것이 오히려 기적이다. 그런 측면에서 하나님이 우리를 치유하시는 몇 가지 이유를 들어보자.

첫째, 치유는 하나님의 본성(여호와 라파)이시다. 하나님은 그 본질이 사랑이시고 온전함이시다. 그분은 모든 피조세계가 온전하기를 원하신다. 그래서 타락한 이 땅에 예수님을 보내주심으로 그분 안에서 모든 것이 다시 원래대로 회복되기를 원하신다. 하나님이 우리를 치유하시는 이유는 우리로 하여금 자녀로서 온전함을 누리도록 하기 위해서이다.

이르시되 너희가 너희 하나님 나 여호와의 말을 들어 순종하고 내가 보기에 의를 행하며 내 계명에 귀를 기울이며 내 모든 규례를 지키면 내가 애굽 사람에게 내린 모든 질병 중 하나도 너희에게 내리지 아니하리니 나는 너희를 치료하는 여호와임이라 출 15:26

둘째, 우리는 하나님의 자녀이고 하나님께서 우리를 사랑하시기 때문이다.

자기 아들을 아끼지 아니하시고 우리 모든 사람을 위하여 내주신 이가 어찌 그 아들과 함께 모든 것을 우리에게 주시지 아니하겠느냐 롬 8:32

셋째, 우리 주 예수 그리스도께서 내 죄를 해결하실 뿐 아니라 은혜를 주시기 위해서 모든 율법의 저주를 받으셨고, 마귀의 일을 멸하셨기 때문이다.

많은 경우, 우리가 죄 사함을 받은 것은 알지만, 치유를 받은 것은 알지 못한다. 죄 사함이 오직 은혜로 인하여 믿음으로 주어진 것처럼 치유도 마찬가지이다. 하나님을 나타내신 예수님은 백성 중의 모든 병과 약한 것을 치유하셨다. 그리고 예수 그리스도를 믿는 모든 자녀들이 온전한 삶을 살도록 모든 약함과 질병을 담당하시고 그 대가로 채찍에 맞으셨다.

> 예수께서 온 갈릴리에 두루 다니사 그들의 회당에서 가르치시며 천국 복음을 전파하시며 백성 중의 모든 병과 모든 약한 것을 고치시니
> 마 4:23

> 친히 나무에 달려 그 몸으로 우리 죄를 담당하셨으니 이는 우리로 죄에 대하여 죽고 의에 대하여 살게 하심이라 그가 채찍에 맞음으로 너희는 나음을 얻었나니 벧전 2:24

넷째, 하나님은 언제나 우리가 하나님의 자녀로서 주님을 나타내는 새로운 삶을 살기 원하신다. 따라서 하나님은 우리를 치유하심으로 이 땅에 있는 동안 우리가 정욕을 따르며 우리 자신을 위해 살지 않고 예수 그리스도 안에서 하나님의 뜻을 따라 사는 기회를 주기 원하신다.

> 그가 모든 사람을 대신하여 죽으심은 살아 있는 자들로 하여금 다시는 그들 자신을 위하여 살지 않고 오직 그들을 대신하여 죽었다가 다시 살아나신 이를 위하여 살게 하려 함이라 고후 5:15

그 후로는 다시 사람의 정욕을 따르지 않고 하나님의 뜻을 따라 육체의 남은 때를 살게 하려 함이라 벧전 4:2

질병에는 하나님의 거룩한 뜻이 있는가?

자신이 앓고 있는 질병에 하나님의 거룩한 뜻이 있다고 믿거나 혹은 자신의 죄 때문에 하나님이 징계하시는 것이라고 믿는 사람들이 있다. 그런 사람들은 안타깝게도 질병은 저주가 아니라 하나님이 주시는 축복이라고 여긴다. 이런 생각을 하게 되는 것은 정말로 복음이 무엇인지 모르기 때문이다.

아마도 많은 사람들이 그렇게 생각하는 이유는 잠언 3장 12절 말씀을 인용한 말씀인 히브리서의 "주께서 그 사랑하시는 자를 징계하시고 그가 받아들이시는 아들마다 채찍질하심이라 하였으니"(히 12:6)에 근거를 두고 있을 것이다. 그러나 여기에 나오는 '징계하시고(discipline)'는 '훈련시키다, 교육하다, 교정하다'라는 의미이고, '채찍질하심(punish 혹은 beat)'은 '사랑하기 때문에 교정하는 징벌을 가하다'라는 뜻이지, 하나님이 우리의 죄 값으로 혹은 우리를 가르치기 위해 질병을 주신다는 뜻은 전혀 아니다.

예수님이 제자들을 징계하실 목적으로, 혹은 사도들이 성도들을 훈련시킬 목적으로 질병을 준 적이 있었는지 생각해보라. 반대로 예수님과 사도들에게 징계를 이유로 치유를 거절당한 자가 있었는가?

하나님은 우리를 온전하게 하시기 위해 고난을 허락하기도 하시고, 징계를 통해 우리가 변화되기를 원하기도 하신다. 그렇다고 해서 사랑하는 자녀에게 질병을 주며 징계하시겠는가? 아니면 자녀의 잘못을 고치기 위해 마귀에게 "내 자녀가 말을 잘 듣지 않으니 네가 질병을 주어라"라고 하시겠는가? 이것은 새 언약에 정면으로 배치된다.

우리는 그분의 지체이며 성전이다. 우리가 우리 몸을 하나님 뜻대로 사용하지 않는다는 이유로 하나님 스스로 그분의 성전을 파괴하신다는 것은 있을 수 없는 일이다. 물론 우리가 고난과 질병 가운데 있을 때 그것을 통해서 하나님의 선하신 뜻을 알 수도 있고, 교훈을 얻을 수도 있다. 그러나 하나님께서 교훈을 주기 위해서 우리에게 질병을 주신다는 것은 있을 수 없는 일이다.

너희 몸이 그리스도의 지체인 줄을 알지 못하느냐… 고전 6:15

또 한편으로 생각해봐야 할 것은, 질병이 하나님의 징계나 거룩한 뜻에 따른 것이라면 하나님께서 그 징계를 푸시기 전에는 어떤 의사도 치료할 수 없고, 어떤 약도 효과가 없을 것이다. 만약 어떤 의사가 치료를 하고 어떤 약이 효과가 있다면, 그 의사나 약은 하나님보다 더 강한 존재란 말이 될 것이다. 그럼에도 불구하고 질병을 징계라고 생각하는 사람들도 병원에 가고 약을 먹는 이유는 무엇인가?

질병에 하나님의 특별한 뜻이 있다는 또 한 가지 근거로 사용되는 것이 사도 바울의 '육체의 가시(thorn in the flesh)' 비유이다. 이는 바울이 자신의 어려움을 설명하는 데 사용한 비유적 표현이며, 질병을 지칭한 것이 아니라 이를 두고 '사탄의 사자(the messenger of Satan)'라고 말했다. 성경에서 사자는 천사를 지칭하는 것으로 '사탄의 천사'는 곧 귀신을 의미한다. 따라서 '육체의 가시'는 질병이 아니라 귀신들이며, '쳐서'는 사도 바울의 '약한 것들과 능욕과 궁핍과 박해와 곤고'를 통하여 계속적으로 괴롭히는(헬, 콜라피조) 것을 의미한다. 즉, 하나님께서는 바울이 너무 자만하지 않도록 하기 위해서 사탄이 바울을 치는 것을 허락하신 것이다. 따라서 바울이 가진 육체의 가시를 우리의 질병에 비유하는 것은 우리가 마땅히 해야 할 일을 회피하는 것일 뿐이다.

> 여러 계시를 받은 것이 지극히 크므로 너무 자만하지 않게 하시려고 내 육체에 가시 곧 사탄의 사자를 주셨으니 이는 나를 쳐서 너무 자만하지 않게 하려 하심이라 고후 12:7

> 그러므로 내가 그리스도를 위하여 약한 것들과 능욕과 궁핍과 박해와 곤고를 기뻐하노니 이는 내가 약한 그때에 강함이라 고후 12:10

경우에 따라서는 요한복음에서 예수님이 날 때부터 맹인인 자를

치유하신 것을 두고 하나님의 거룩한 뜻이 있는 것이라고 주장하기
도 한다.

제자들이 물어 이르되 랍비여 이 사람이 맹인으로 난 것이 누구의 죄
로 인함이니이까 자기니이까 그의 부모니이까 예수께서 대답하시되
이 사람이나 그 부모의 죄로 인한 것이 아니라 그에게서 하나님이 하
시는 일을 나타내고자 하심이라 요 9:2,3

그러나 이 말씀은 맹인이 된 것이 그 자신이나 부모의 죄 때문이
아니라는(즉, 직접적인 죄가 아니라는) 말씀이지, 하나님의 특별한 뜻
이 있어서 이 사람을 맹인으로 태어나게 했다는 말씀이 아니다. 그
저 예수님은 그 맹인을 치유하심으로 하나님이 어떤 일을 행하시는
지를 보여주고자 하신 것이다. 물론 고난과 질병에 하나님의 특별
한 뜻이 있을 수 있다. 예를 들면, 사도 바울이 예수 그리스도를 믿
는 자들을 옥에 가두기 위해서 다메섹으로 가던 중에 하늘로부터
빛이 임하여 눈이 멀게 되었다(행 9:4-9). 그러나 아나니아가 그를 찾
아가 기도했을 때 눈에서 비늘 같은 것이 벗겨지고 다시 보게 되었다
(행 9:10-18). 이러한 경우 질병은 우리의 죄에 대한 값으로 주어진 것
이 아니라 하나님의 뜻을 이루기 위해서 일시적으로 주어진 것이며,
하나님의 뜻이 이루어지면 사라진다.

구약의 신명기 28장 1-14절에서는 하나님이 주시는 축복에 대해

서, 16-68절까지는 하나님이 주시는 저주에 대해서 기술하고 있다. 병과 질병은 저주에 속하지 결코 축복에 속하지 않는다.

그리고 하나님께서는 출애굽기 15장 26절에서 "이르시되 너희가 너희 하나님 나 여호와의 말을 들어 순종하고 내가 보기에 의를 행하며 내 계명에 귀를 기울이며 내 모든 규례를 지키면 내가 애굽 사람에게 내린 모든 질병 중 하나도 너희에게 내리지 아니하리니 나는 너희를 치료하는 여호와임이라"라고 말씀하셨다. 이 말씀을 통하여 하나님은 우리를 치유하시는(divine healing) 하나님이실 뿐만 아니라 우리를 온전하게 하시는(divine health) 하나님이심을 알 수 있다.

구약을 통해 하나님께서는 우리가 율법을 지키면 모든 질병으로부터 자유하리라고 말씀하신다. 따라서 율법 아래서도 질병은 결코 축복이 아니라 저주이다. 그때에는 율법을 범할 때 질병이 주어졌다.

그러나 예수 그리스도를 통한 새 언약은 구약의 그것과 완전히 다르다는 것을 알아야 한다. 예수님은 질병에 관해 말씀하시거나 사역을 베푸실 때, 단 한 번도 하나님의 거룩한 뜻이라는 이유로 치유를 마다하신 적이 없다.

chapter
03
예수님이 다 구원하셨다

인간의 타락과 죽음

타락한 인간은 태어날 때부터 원죄 가운데서 태어난다. 이 말은 아담의 타락 이후, 죄로 말미암아 하나님의 생명 없이 태어난다는 뜻이다. 이러한 영적 죽음 가운데 태어난 인간은 하나님의 성품이나 권능을 나타내는 대신 마귀의 성품을 드러내는 본성을 지녔다. 그 결과 마음과 육체가 원하는 대로 죄를 지으며 살다가 결국 육신의 죽음을 경험할 수밖에 없고, 육신이 죽으면 영혼은 음부로 내려가게 되었다. 이렇게 볼 때 모든 인간은 영적 죽음을 가진 채 태어나 육신의 삶을 살고 마침내 육적 죽음을 경험한다고 볼 수 있다.

너희는 너희 아비 마귀에게서 났으니 너희 아비의 욕심대로 너희도 행하고자 하느니라 그는 처음부터 살인한 자요 진리가 그 속에 없으므로 진리에 서지 못하고 거짓을 말할 때마다 제 것으로 말하나니 이는 그가 거짓말쟁이요 거짓의 아비가 되었음이라 요 8:44

그때에 너희는 그 가운데서 행하여 이 세상 풍조를 따르고 공중의 권세 잡은 자를 따랐으니 곧 지금 불순종의 아들들 가운데서 역사하는 영이라 전에는 우리도 다 그 가운데서 우리 육체의 욕심을 따라 지내며 육체와 마음의 원하는 것을 하여 다른 이들과 같이 본질상 진노의 자녀이었더니 엡 2:2,3

하나님께서 본래 지으신 목적에서 볼 때 타락한 인간은 두 번의 죽음을 경험하는 것이다. 우리가 이 사실을 제대로 이해한다면 하나님께서 예수 그리스도를 이 땅에 보내신 이유와 그분이 우리를 위하여 십자가를 지신 사건의 진정한 의미, 그리고 예수 그리스도 안에 있는 나의 존재에 대한 새로운 영적 지식과 더 나아가 하나님과의 관계에 대한 새로운 체험을 갖게 될 것이다.

하나님의 계획

하나님께서 예수님을 통해서 궁극적으로 행하시고자 한 일은 바로 태초에 죄로 인하여 떠나갔던 영생을 우리에게 다시 주심으로 영적 죽음에서 회복시키고자 하는 것이었다. 바로 그 하나님의 생명, 곧 영생이 우리 안에 임할 때 비로소 우리는 하나님께서 지으신 본래 상태로 돌아가기 때문이며, 또한 그 생명 안에서만 비로소 하나님의 성품과 권능을 나타내고, 이 땅을 본래의 하나님나라로 만들 수 있기 때문이다.

하나님이 세상을 이처럼 사랑하사 독생자를 주셨으니 이는 그를 믿는 자마다 멸망하지 않고 영생을 얻게 하려 하심이라 하나님이 그 아들을 세상에 보내신 것은 세상을 심판하려 하심이 아니요 그로 말미암아 세상이 구원을 받게 하려 하심이라 요 3:16,17

또 증거는 이것이니 하나님이 우리에게 영생을 주신 것과 이 생명이 그의 아들 안에 있는 그것이라 아들이 있는 자에게는 생명이 있고 하나님의 아들이 없는 자에게는 생명이 없느니라 요일 5:11,12

그렇다면 하나님의 아들이신 예수님이 이 땅에 오셔서 인간을 위해서 행하신 일은 구체적으로 무엇일까?

첫 번째로는 하나님의 계획을 그 자녀들에게 알리고, 그 계획이 예수님 자신을 통해서 시작되었다는 것을 선포하고, 실제로 마귀로 인하여 타락한 인간의 영혼육을 온전히 회복시키시는 것이다.

하나님의 계획은 예수 그리스도께서 이 땅에 오셔서 행하신 일들을 살펴보면 정확히 알 수 있다. 또한 예수님이 행하신 일의 의미와 본질은 신약의 모형과 그림자인 구약을 보면 보다 더 정확히 이해할 수 있다.

우선 성경의 진리를 통해, 이 세상의 법과 권세에 대해 다시 한 번 생각해보자. 성경이 말하는 진리는 이것이다.

"죄를 지은 인간은 타락하게 되었고, 흑암의 권세 아래 놓이게 되었다. 죄의 삯은 사망이다. 피 흘림 없이는 죄 사함이 없다. 육체의 생명은 피에 있다. 세상은 흑암의 권세 아래 놓여 있다."

육체의 생명은 피에 있음이라 내가 이 피를 너희에게 주어 제단에 뿌려 너희의 생명을 위하여 속죄하게 하였나니 생명이 피에 있으므로 피가 죄를 속하느니라 레 17:11

율법을 따라 거의 모든 물건이 피로써 정결하게 되나니 피 흘림이 없은즉 사함이 없느니라 히 9:22

죄의 삯은 사망이요 하나님의 은사는 그리스도 예수 우리 주 안에 있는 영생이니라 롬 6:23

자녀들은 혈과 육에 속하였으매 그도 또한 같은 모양으로 혈과 육을 함께 지니심은 죽음을 통하여 죽음의 세력을 잡은 자 곧 마귀를

멸하시며 또 죽기를 무서워하므로 한평생 매여 종 노릇 하는 모든 자들을 놓아주려 하심이니 히 2:14,15

가장 놀라운 사실은, 예수님이 타락한 인간을 하나님의 자녀로 다시 회복시키기 위해 인간이 죄로 말미암아 경험했던 영적 죽음과 육적 죽음을 모두 그대로 경험하셨다는 것이다. 우리는 이 비밀을 알아야 한다. 이 사실을 통해 우리는 우리가 예수 그리스도를 믿음으로 단지 죄 사함을 받은 정도가 아니라 우리의 존재 자체가 바뀌었음을 알 수 있기 때문이다. 믿는 자는 예수 그리스도 안에서 육적 존재에서 영적 존재, 새로운 피조물이 된 것이다.

예수님이 행하신 일들

예수님이 십자가 위에서 행하신 일들을 생각해보라. 죄 없으신 주께서 하나님의 영이 떠나가는 것을 경험하셨다.

"엘리 엘리 라마 사박다니 하시니 이는 곧 나의 하나님, 나의 하나님, 어찌하여 나를 버리셨나이까!"

인간이 죄를 지었을 때 하나님의 영광, 즉 생명이 떠났던 것과 마찬가지로 하나님께서 인간의 모든 죄와 죄악을 예수님께 지우심으로 예수님은 십자가 위에서 영적 죽음을 경험하셨다.

제구시쯤에 예수께서 크게 소리 질러 이르시되 엘리 엘리 라마 사박
다니 하시니 이는 곧 나의 하나님, 나의 하나님, 어찌하여 나를 버리
셨나이까 하는 뜻이라 마 27:46

제구시에 예수께서 크게 소리 지르시되 엘리 엘리 라마 사박다니 하
시니 이를 번역하면 나의 하나님, 나의 하나님 어찌하여 나를 버리셨
나이까 하는 뜻이라 막 15:34

예수님에게 가장 큰 고통은 채찍에 맞으신 육신의 고통도, 제자들
이 배반한 것으로 인한 마음의 고통도 아니었다. 바로 하나님 아버
지로부터 버림받은 고통이었다. 인간이 죄를 지었을 때 하나님의 생
명이 떠난 것처럼, 죄가 전혀 없으심에도 불구하고 그분은 하나님의
영이 떠나가는 가장 큰 고통을 겪으신 것이다. 하나님께서 그분의
아들에게 인간의 모든 죄를 전가시키신 것이며, 다른 말로 그 순간
만큼은 아들로 여기지 않으셨다는 것이다.

우리는 다 양 같아서 그릇 행하여 각기 제 길로 갔거늘 여호와께서
는 우리 모두의 죄악을 그에게 담당시키셨도다 사 53:6

영적 죽음을 경험하시고 육신의 죽음이 오기 전, 예수님은 자신이
하시는 일이 무엇인지를 알고 계셨기 때문에 "다 이루었다"라고 말

쓸하셨다. 곧이어 육신의 죽음이 왔고, 그 결과로 그 영혼이 음부로 내려갔다.

예수께서 큰 소리를 지르시고 숨지시니라 막 15:37

예수께서 다시 크게 소리 지르시고 영혼이 떠나시니라 마 27:50

예수께서 큰 소리로 불러 이르시되 아버지 내 영혼을 아버지 손에 부탁하나이다 하고 이 말씀을 하신 후 숨지시니라 눅 23:46

예수께서 신 포도주를 받으신 후에 이르시되 다 이루었다 하시고 머리를 숙이니 영혼이 떠나가시니라 요 19:30

이러한 사실은 구약 이사야서의 말씀을 통해서도 확인된다.

그는 강포를 행하지 아니하였고 그의 입에 거짓이 없었으나 그의 무덤이 악인들과 함께 있었으며 그가 죽은 후에 부자와 함께 있었도다 사 53:9

여기에서 '죽은'은 히브리어로 '마베트'인데, 단수가 아니라 복수로 쓰였다. 3일 밤과 낮이 지나 성령께서 다시 예수님을 일으키실 때까지 그분은 성부 하나님으로부터 분리되어 계셨다. 그리스도는 이때 죄인들의 몫인 하나님의 진노를 직접 경험하셨다. "죄의 삯은 사망이라"는 공의의 요구가 만족되기까지 예수님이 고통을 받으셨다.

예수님의 십자가 사건은 단지 육체적, 정신적 고난일 뿐만 아니라 영적 고난을 포함하고 있다. 이것이 바로 그리스도의 대속적 희생의 핵심이다.

예수 그리스도의 죽으심과 부활하심을 통하여 이미 완성된 그리스도의 사역을 정리해보면 이렇다.

- ◆ 그리스도의 육적인 고난(가시관, 채찍, 십자가 등으로 세상 죄를 지고 가심)
- ◆ 하나님 아버지와의 영적인 분리(하나님의 생명이 떠남)
- ◆ 그리스도의 정신적인 고난
- ◆ 육신으로부터 영혼이 떠남(육신의 사망)
- ◆ 음부에서 보내신 3일 밤낮의 시간(죄의 삯인 사망을 경험하심)
- ◆ 사탄과 지옥의 모든 권세를 이기신 영광스러운 부활(하나님의 영으로)
- ◆ 하늘 지성소로 가지고 들어가신 피와 아버지의 용납하심(대제사장으로서의 역할)
- ◆ 새로 태어난 아들로서 아버지 우편에 계심(모든 영광을 받으심, 중보자로 계심)

◆ 믿는 자에게 거하시고 보혜사 성령님을 보내주심(영생을 얻게 하심)

다시 정리해보면, 죄 없으신 예수님은 인간의 죄를 온전히 사하시고 본질을 바꾸시기 위해서 인간이 체험한 영적 죽음, 육과 혼의 고통과 육적 죽음 모두를 인간을 대신하여 경험하셨다. 이 말은 우리가 예수 그리스도를 믿고 그분의 죽음과 부활하심에 연합함으로써 영적 죽음과 혼적 죽음과 육적 죽음으로부터 해방되었다는 것이다.

그러므로 우리가 그의 죽으심과 합하여 세례를 받음으로 그와 함께 장사되었나니 이는 아버지의 영광으로 말미암아 그리스도를 죽은 자 가운데서 살리심과 같이 우리로 또한 새 생명 가운데서 행하게 하려 함이라 롬 6:4

이것은 단지 죄 사함을 받는 정도가 아니라 우리의 본질이 바뀌게 되었다는 뜻이다.

속량과 구원

하나님나라의 복음적 관점에서 예수 그리스도의 속량을 보지 못하면, 우리의 구원을 죄 사함으로만 제한시키고 나머지의 고난과 고통(예를 들면 질병의 치유나 가난의 묶임이나 마귀의 묶임)으로부터의 해방은, (하나님의 의지와 우리의 헌신에 따라) 얻을 수도 있고 얻지 못할 수도 있는 부가적인 혜택 정도라고 생각한다. 그렇기 때문에 대부분의 그리스도인들은 하나님이 원하시면 우리를 치유하실 수 있다고 생각은 하지만, 우리를 질병으로부터 이미 속량하신 놀라운 은혜를 누리지 못하고 있는 것이다.

예수님의 속량을 예언한 이사야서 말씀은 영적이거나 혼적인 것뿐만 아니라 육체의 질병을 포함하고 있다.

그는 실로 우리의 질고를 지고 우리의 슬픔을 당하였거늘 우리는 생각하기를 그는 징벌을 받아 하나님께 맞으며 고난을 당한다 하였노라 그가 찔림은 우리의 허물 때문이요 그가 상함은 우리의 죄악 때문이라 그가 징계를 받으므로 우리는 평화를 누리고 그가 채찍에 맞으므로 우리는 나음을 받았도다 사 53:4,5

특별히 이사야서의 이 말씀을 인용한 마태복음 8장 16,17절의 말씀은 예수님의 속량이 육체적 치유를 포함하고 있다는 확실한 증거이다.

저물매 사람들이 귀신 들린 자를 많이 데리고 예수께 오거늘 예수께서 말씀으로 귀신들을 쫓아내시고 병든 자들을 다 고치시니 이는 선지자 이사야를 통하여 하신 말씀에 우리의 연약한 것(infirmities)을 친히 담당하시고 병[질병(disease) 또는 질환(sickness)]을 짊어지셨도다 함을 이루려 하심이더라 마 8:16,17

예수님이 우리의 죄 값을 치르시고 구원하신 것은 단순히 우리의 죄만을 사해주신 것이 아니라 우리의 타락으로 인해 마귀로부터 당하는 모든 것, 즉 하나님의 법 밖에 있음으로 당연히 있을 수밖에 없는 고통으로부터의 속량을 포함하고 있다. 즉, 속량은 단지 죄 사함뿐만 아니라 질병과 가난과 영적인 묶임이나 마귀의 공격과 관계의 깨어짐과 상처나 쓴 뿌리 등으로부터 해방 받는 것을 뜻한다. 따라서 우리가 구원 받았다는 것은 영생을 통하여 온전함을 얻었다는 것이다.

그러나 예수님의 구원 사역으로 인해 완성된 온전함의 법적인 측면과 실제 적용은 구별할 줄 알아야 한다. 쉽게 말하자면, 법적으로 판결이 났다고 해서 현실이 바뀐 것은 아니다. 실제적으로 그 판결의 혜택을 누리기 위해서는 그 판결에 근거하여 법을 집행해야 한다. 그럴 때 그 집행이 법적 구속력을 가진다.

법적 구속력을 가진 말씀을 집행하는 삶이 바로 하나님의 자녀인 우리에게 주어진 현재적 하나님나라의 삶이다. 우리 안에 계신 예수 그리스도께서 법적으로 해결하신 일들을 예수 그리스도의 이름으로 현실적으로 집행해나가는 것이 바로 자녀가 유업을 이어가는 것이며, 현재적 하나님나라에서 벌여야 하는 영적 전쟁이다. 분명한 사실은, 이미 승리한 싸움이지만 우리의 믿음만큼 또 육의 생각을 버리는 만큼 승리를 취할 수 있다는 것이다.

이런 사실은 성경에 나타난 구원의 의미를 보아도 알 수 있다. 구원이란 뜻의 헬라어 '소조(sozo)'는 신약에서 100번 이상 사용되었다. 이때 구원은 단지 죄 사함(to save)만이 아니라 치유함(to heal), 귀신으로부터 자유함(to deliver), 온전함(to make whole) 등의 의미로 사용되었다. 이를 통해서도 구원이 단지 죄 사함에만 국한된 것이 아님을 분명히 알 수 있다. 예수님은 우리의 죄를 용서하시기 위해서만이 아니라 우리 몸의 질병을 치유하시기 위해서도 십자가를 지셨다.

> 아들을 낳으리니 이름을 예수라 하라 이는 그가 자기 백성을 그들의 죄에서 구원할(sozo, 죄 사함) 자이심이라 하니라 마 1:21

> 그러므로 자기를 힘입어 하나님께 나아가는 자들을 온전히 구원하실(sozo, 죄 사함) 수 있으니 이는 그가 항상 살아 계셔서 그들을 위하여 간구하심이라 히 7:25

> 이는 제 마음에 그 겉옷만 만져도 구원을 받겠다(sozo, 치유함) 함이라 예수께서 돌이켜 그를 보시며 이르시되 딸아 안심하라 네 믿음이

너를 구원하였다(sozo, 온전함) 하시니 여자가 그 즉시 구원을 받으니라 마 9:21,22

예수께서 이르시되 가라 네 믿음이 너를 구원하였느니라(sozo, 치유함) 하시니 그가 곧 보게 되어 예수를 길에서 따르니라 막 10:52

네게 무엇을 하여 주기를 원하느냐 이르되 주여 보기를 원하나이다 예수께서 그에게 이르시되 보라 네 믿음이 너를 구원하였느니라(sozo, 치유함) 하시매 눅 18:41,42

믿음의 기도는 병든 자를 구원하리니(sozo, 치유함) 주께서 그를 일으키시리라 혹시 죄를 범하였을지라도 사하심을 받으리라 약 5:15

귀신 들렸던 자가 어떻게 구원 받았는지를(sozo, 귀신으로부터 자유케 됨) 본 자들이 그들에게 이르매 눅 8:36

죄와 질병의 전가

예수님은 십자가에서 죽으심으로 우리의 원죄를 속량하셨다. 그리고 지금 우리 안에 계신다. 그러나 우리는 여전히 육체의 삶을 살기 때문에 비록 새 사람이지만 지속적으로 죄를 짓게 된다. 그렇지만 우리가 회개할 때 우리의 죄와 질병은 예수님께 전가된다. 우리는 깨끗함을 받게 된다는 것이다.

우리는 다 양 같아서 그릇 행하여 각기 제 길로 갔거늘 여호와께서는 우리 모두의 죄악을 그에게 담당시키셨도다 사 53:6

이는 선지자 이사야를 통하여 하신 말씀에 우리의 연약한 것을 친히 담당하시고 병을 짊어지셨도다 함을 이루려 하심이더라 마 8:17

우리가 우리의 죄와 죄악을 고백한다는 것은 우리의 죄와 죄악을 그분께 담당시키는 것과 같다. 우리는 이것을 믿음으로 우리 죄를 고백할 수 있어야 한다. 그런데 많은 경우, 우리는 단지 자신이 지은 죄를 후회하고 반성하는 의미로 고백한다. 그것은 영적 진리를 모르는 것이다. 예수님이 우리의 모든 죄와 죄악과 질병을 짊어지신 것은 실제이다.

우리의 죄와 죄악과 질병이 예수님께 이전되었음을 믿음의 눈으로 볼 수 있어야 한다. 믿음의 눈으로 본다는 것은 성령 안에서 말씀에 따라 상상하고 느낀다는 것이다. 우리의 모든 불의가 그분께 전가되었다. 예수님께서 우리의 모든 질병을 담당하심으로 우리가 치유함을 받는 것이다. 그분이 친히 죄인이 되시고 그 죄 값을 담당하시기에 우리는 자유함을 누리게 된다.

그렇다면 생각해보라. 예수님은 우리의 죄와 죄악 그리고 모든 질병을 짊어지기 위해 오셨는데, 그 짐을 왜 우리가 또 짊어져야 하는가? 우리가 우리의 죄와 죄악과 질병을 감당하고 있다면, 그것은 예수님이 우리를 위해 행하신 일을 부정하는 것과 마찬가지다.

그러므로 아들이 너희를 자유롭게 하면 너희가 참으로 자유로우리라 요 8:36

우리가 주님 안에서 새로운 본성을 가진 존재라면, 예수님은 우리가 죄를 짓거나 질병으로 낙심할 때마다 "네 육체가 지은 죄나 질병을 나에게 맡겨라"라고 말씀하신다. 우리가 주님께 내어드릴 때 그때부터 치유의 능력이 역사하는 것이다. 우리가 말로는 회개하지만, 그 문제를 주님께 드리지 못할 때 하나님의 치유의 능력은 역사할 수 없다.

너희 염려를 다 주께 맡기라 이는 그가 너희를 돌보심이라 벧전 5:7

우리는 더 이상 나의 죄와 질병을 치유함 받는 것이 아니라, 예수 그리스도의 새로운 피조물로서 우리 안에 있는 죄와 죄악, 질병과 가난을 먼저 그분께 드리고, 그분의 능력이 말씀에 따라 우리의 마음과 육체 그리고 삶에 나타나도록 하는 것이다.

핵심은 무엇인가? 자기 문제를 해결받기 위해 주님께 나아가지 말라는 것이다. 당신의 문제를 예수님께 먼저 드려라. 그리고 예수님이 십자가를 지시고 다 이루신 약속의 말씀이 성령 안에서 당신의 마음에 가득 차도록 묵상하라.

새 언약 아래서, 우리의 모든 죄를 친히 담당하시고 율법의 저주가 되신 예수 그리스도께서 우리 안에 계시면 우리는 본질적으로 죄를 지을 수 없는 존재가 되었지만, 우리의 육신이 죄 가운데 있으면 더러운 질병이나 악한 영이 언제나 다시 우리 안에 합법적으로 들어와서 괴롭힐 수 있다.

로마서 7장의 사도 바울의 고백을 생각해보라.

그러므로 내가 한 법을 깨달았노니 곧 선을 행하기 원하는 나에게 악이 함께 있는 것이로다 내 속사람으로는 하나님의 법을 즐거워하되 내 지체 속에서 한 다른 법이 내 마음의 법과 싸워 내 지체 속에 있는 죄의 법으로 나를 사로잡는 것을 보는도다 롬 7:21-23

그러나 우리 안에 계신 예수 그리스도의 이름으로 회개할 때 주께서 우리의 모든 죄를 사하시기 때문에 다시 그 질병은 불법이 된다. 그럴 때 우리는 예수 그리스도의 이름으로 질병과 악한 영을 쫓아낼 수 있다.

언제까지 기도해야 하는가? 문제로 인한 마음의 생각과 느낌을 그분께 다 드릴 때까지, 그 생각과 느낌이 당신의 마음을 더 이상 사로잡지 않을 때까지, 오직 그분의 말씀만으로 만족할 때까지이다. 그리고 예수 그리스도의 이름으로 그 약속의 말씀이 이루어진 것을 선포하고 믿어라.

chapter
04

하나님나라의 복음으로 바라보라

신유에 대한 번영복음의 관점

역사적으로 볼 때 신유사역의 흐름 중에 "믿기만 하면 반드시 치유된다"고 주장하는 경우도 있다. 이런 주장은 믿음운동에서 시작된 '치유에 대한 번영복음'이라고 불린다. 많은 사람들이 '하나님나라의 치유복음'과 '치유에 대한 번영복음'을 혼동하여 하나님의 신유에 대해 부정적으로 생각한다. 여기서는 '치유에 대한 번영복음'과 우리가 믿고 있는 '하나님나라의 치유복음'을 비교해봄으로써 우리가 질병에 대해 어떤 믿음으로 신앙생활을 해야 하는지 좀 더 구체적으로 생각해보자.

'번영복음'이 치유에 대해 갖고 있는 신학적 입장은 대체로 다음과 같다.

- 고통과 질병은 사탄으로부터 온 것이다.
- 예수님은 우리의 죄와 저주를 대속하셨다.
- 예수 그리스도를 믿음으로 우리는 율법의 저주에서 벗어났다.
- 하나님은 예수 그리스도를 믿는 모든 자를 완전하게 치유하기 원하신다.
- 우리는 약속의 말씀을 믿음으로 하나님께 치유를 요구할 수 있고, 하나님은 우리를 치유할 의무가 있으시다.
- 치유를 받지 못하는 것은 우리의 믿음이 온전하지 못하기 때문이다.
- 현실적으로 치유가 일어나지 않았을지라도 이미 치유된 것을 믿어야 한다.
- 우리가 온전한 믿음을 가지면, 반드시 치유된다.

이런 주장을 '완전한 치유복음'이라고 부른다. 이 같은 입장에 따르면, 결국 치유를 받지 못하는 것은 복음을 제대로 알지 못하거나 믿음이 부족하기 때문이다. 그러나 이러한 관점은 비성경적이다. 새 언약의 복음을 하나님나라의 관점에서 보지 못하고 세상적 관점에서 해석함으로 인하여 여전히 구약적 인과법칙에서 벗어나지 못하고 있는 것이다.

새 언약은 하나님나라의 복음이고, 하나님나라의 법이며, 하나님나라에서만 적용되고, 하나님의 자녀만이 그 혜택을 누릴 수 있다.

그런데 번영복음에서는 새 언약을 하나님나라에서 의(義)를 이루는 관점이 아니라 이 땅에서 약속에 대한 조건을 만족시키는 관점으로 보고 있다. 즉, 하나님이 예수 그리스도를 통하여 우리의 모든 문제를 해결하셨기 때문에 우리가 믿을 때 그 약속이 이루어진다는 방식으로 말씀을 보고 있는 것이다.

아마도 질병으로 고통 받는 많은 성도들은 치유받기 위해 간절한 소망과 기대를 가지고 치유집회에 참석할 것이다. 최선을 다해 기도하고 부르짖었지만 아무런 치유도 받지 못했을 때, 그들이 하나님나라의 복음을 제대로 알지 못한다면 허무한 마음으로 믿음 없는 자신을 정죄하거나 하나님으로부터 버림받았다는 마음으로 돌아가게 될 것이다.

이런 신앙은 하나님의 절대적인 주권을 인간의 믿음으로 대체시킨 결과이다. 하나님은 우리를 사랑하시고 우리를 온전케 하기를 원하시지만, 우리의 건강과 부를 위해 존재하시는 분은 아니다. 이 사실을 꼭 기억해야 한다.

신유에 대한 하나님나라 복음의 관점

예수님은 병든 자를 치유하고 귀신을 쫓아내실 때 현대의학처럼 고통 받고 있는 한 개인을 병리적 관점에서 보시고 자신의 능력을 드러내시지 않았다. 즉, 예수님은 능력을 나타냄으로써 백성들의 시선을 자기에게 집중시키는 것이 아니라 항상 치유를 하나님나라의 복음과 연계시켜 말씀하심으로 하나님의 뜻이 이루어지는 것에 초점을 맞추셨다. 죄와 마귀에게 묶여 있는 세상, 그리고 믿음이 없는 백성들을 보시며 하나님의 통치에 따른 죄 사함, 자유, 온전함의 증거로서 치유사역을 행하셨다.

예수 그리스도께서 십자가를 통하여 이루신 완전한 사역은 우리가 예수 그리스도를 영접할 때 그리스도의 영이 내 안에 오심으로 인하여 이미 다 이루어진 것이다. 그분의 구속 사건에는 죄 사함, 저주, 질병, 가난, 마귀의 묶임, 영원한 죽음으로부터의 자유가 포함되어 있다.

우리는 '예수 그리스도께서 이루신 완전한 사역'이 무엇인지를 성경적으로 정확하게 보아야 한다. 하나님나라 복음의 관점에서 신유는 첫 번째, 하나님과 인간의 관계적 차원에서의 관점에서, 두 번째, 하나님나라의 관점에서 볼 수 있다.

관계적 차원에서 본 예수님의 완전한 사역

예수 그리스도의 죽으심과 부활 안에는 우리의 죄, 저주, 질병, 가난, 마귀의 묶임, 영원한 죽음으로부터의 해방과 자유가 포함되어 있다. 우리가 예수 그리스도를 믿을 때 예수님이 이루신 완전한 사역은 내 안에서 이루어졌다. 그렇다면 구원받은 자에게 어떻게 죄와 질병이 있을 수 있겠는가? 그러나 구원이 곧 현재의 모든 죄, 저주, 질병, 가난으로부터 완전한 해방을 의미하는 것은 아니다.

참으로 우리가 여기 있어 탄식하며 하늘로부터 오는 우리 처소로 덧입기를 간절히 사모하노라 고후 5:2

또 그리스도께서 너희 안에 계시면 몸은 죄로 말미암아 죽은 것이나 영은 의로 말미암아 살아 있는 것이니라 예수를 죽은 자 가운데서 살리신 이의 영이 너희 안에 거하시면 그리스도 예수를 죽은 자 가운데서 살리신 이가 너희 안에 거하시는 그의 영으로 말미암아 너희 죽을 몸도 살리시리라 롬 8:10,11

우리가 구원받을 때 예수 그리스도의 완전한 사역이 우리 안에서 법적으로는 이루어졌지만(즉, 영혼육 전부 구원받았지만), 그것이 우리의 삶에서 현재적으로 나타나는 것은 다른 이야기다. 우리는 하나님이 약속하신 영의 구원과 혼과 육의 구원이 갖는 성격과 그 시기가 서로 다르다는 것을 알아야 한다.

우리가 죄 사함을 받았기 때문에 우리 안에 그리스도의 영이 임하셨고, 우리는 본질적으로 의인이 되었다. 우리가 의인이 되었기 때문에, 즉 내 안에 그리스도의 영이 계심으로 인하여 나머지 모든 것들이 예수 그리스도의 이름으로 구속되어가는 것이다.

그 구속이 내 육체의 생명에 나타나게 하기 위해서는 내 안에 계신 예수님을 의지하여 그분의 약속의 말씀을 믿음으로 이루어가는 것이지, 내가 주의 약속을 믿기 때문에 하나님이 이루어주셔야 하는 것이 아니다. 이 사실을 정확히 알지 못하면 치유사역에 대한 오해가 생길 수밖에 없다.

그뿐 아니라 또한 우리 곧 성령의 처음 익은 열매를 받은 우리까지도 속으로 탄식하여 양자 될 것 곧 우리 몸의 속량을 기다리느니라
롬 8:23

구원받는다는 것은 하나님의 자녀가 된다는 것이고, 구원받은 주님의 자녀는 자기 안에 내주하여 계신 그리스도 안에서 주님의 말씀을 믿음으로 예수 그리스도의 이름으로 주님의 뜻을 이 땅에 이루어가는 자이다. 이것을 구원을 이루어가는 삶, 성화(聖化)의 삶이라고 한다.

말씀을 중심으로 성화의 삶의 모습을 몇 가지로 정리해보자.

나의 삶이 아니라 그리스도의 삶이다

내가 그리스도와 함께 십자가에 못 박혔나니 그런즉 이제는 내가 사는 것이 아니요 오직 내 안에 그리스도께서 사시는 것이라 이제 내가 육체 가운데 사는 것은 나를 사랑하사 나를 위하여 자기 자신을 버

리신 하나님의 아들을 믿는 믿음 안에서 사는 것이라 갈 2:20

주님의 선한 일을 행하는 삶이다

우리는 그가 만드신 바라 그리스도 예수 안에서 선한 일을 위하여
지으심을 받은 자니 이 일은 하나님이 전에 예비하사 우리로 그 가
운데서 행하게 하려 하심이니라 엡 2:10

예수 그리스도의 이름으로 구하는 삶이다

그날에는 너희가 아무것도 내게 묻지 아니하리라 내가 진실로 진실
로 너희에게 이르노니 너희가 무엇이든지 아버지께 구하는 것을 내
이름으로 주시리라 지금까지는 너희가 내 이름으로 아무것도 구하지
아니하였으나 구하라 그리하면 받으리니 너희 기쁨이 충만하리라
요 16:23,24

요한복음 16장 23절에서 '그날'은 그리스도의 영이 내 안에 임하
신 날인데, 그때부터는 나의 삶이 아니라 그리스도의 삶을 살아야
하며, 주님의 뜻을 이루어가야 한다. 주께서 나를 통해 나타나시는
삶을 살아야 한다는 뜻이다.

그런데 많은 경우, 하나님나라의 복음을 제대로 알지 못하고 자
신이 예수 그리스도를 믿고 구원을 받았기 때문에 이제 자신의 믿음
으로 주님의 약속을 받아내는 것이라고 착각한다. 이렇게 생각하는

이유는 먼저 '구원'이란 것은 새로운 피조물(하나님의 자녀)로 돌아가는 것인데, 자신을 여전히 자존자(自存者)적인 존재, 즉 죄 사함만 받은 존재로 자신을 정의하기 때문이다. 그리고 또 다른 이유는 하나님의 주권적인 은혜와 신비를 약속에 대한 인간의 믿음으로 대체시키는 인간중심적인 생각을 가지고 있기 때문이다.

말씀치유집회에서 가장 많이 강조하는 것은 믿음이다. 그러나 성경에서 말하는 믿음은 결코 인간의 이성적이거나 합리적인 믿음이 아니다. 우리가 믿는 것이 아니라 믿어져야 한다. 자신의 믿음이 아니라 예수로 말미암아 난 믿음(갈 2:20 ; 딤후 3:15), 하나님의 믿음(막 11:23)을 가져야 한다(이 부분에 대한 보다 자세한 내용은 6장을 참고하라).

성령님이 우리 안에 임하시고, 우리가 그분께 의지하면 그 믿음이 주어진다. 믿음은 추구의 대상이 아니라 하나님의 선물이다. 믿음이 하나님의 선물을 받는 동기가 아니라 받아내기 위한 조건이 될 때, 우리는 복음을 인간중심적으로 생각하게 되고, 하나님을 우리의 필요를 채워주기 위해 존재하시는 분으로 생각하게 된다.

하나님나라의 관점에서 본 예수님의 완전한 사역

예수 그리스도께서 이 땅에 오셔서 하나님나라의 복음을 전하시고, 우리가 하나님나라로 들어갈 수 있도록 죽으시고 부활하시고 승천하셨다. 그리고 약속하신 보혜사 성령님을 우리에게 보내주셨다. 성령께서 우리 안에 오셔서 우리를 통치하시는 그날, 이 땅에 있는 우리에게 하나님나라가 임하게 된 것이다. 그러나 이 땅에 하나님나라가 도래했지만, 아직 완전히 이루어진 것은 아니다.

이것을 다른 말로 표현하자면, 예수 그리스도께서 이미 이루신 완전한 역사가 영적세계에서는 다 이루어졌지만, 아직 이 땅에 완전히 나타난 것은 아니라는 뜻이다. 따라서 구원받은 우리는 이 땅에 도래한 현재적 하나님나라에서 주님의 뜻이 이 땅에 나타나도록 믿음의 삶을 사는 것이다.

그러나 그 나라는 아직 완성된 것이 아니다. 즉, 예수 그리스도의 죽으심과 부활을 통해 하나님나라가 시작되었지만, 그분의 재림 때까지는 완성된 것이 아니다. 이 땅에 도래한 현재적 하나님나라, 곧 하나님의 통치가 하나님의 자녀를 통해 땅끝까지 전해져야 한다. 구원받은 우리는 다 그 구원을 이루어가는 것이며, 궁극적으로 구원의 완성을 향해 나아가는 것이다.

나라가 임하시오며 뜻이 하늘에서 이루어진 것같이 땅에서도 이루어지이다 마 6:10

우리가 이 땅에서 하나님나라를 이루어가는 것은 마치 구약에서 가나안 땅을 정복하는 것과 같은 맥락이다.

내가 모세에게 말한 바와 같이 너희 발바닥으로 밟는 곳은 모두 내가 너희에게 주었노니 수 1:3

찬송하리로다 하나님 곧 우리 주 예수 그리스도의 아버지께서 그리스도 안에서 하늘에 속한 모든 신령한 복을 우리에게 주시되 엡 1:3

이 두 말씀 모두, 약속은 이미 (과거에) 주어졌지만, 지금 우리가 (현재로부터 미래로) 이루어가야 한다는 것이다. 이러한 현재적 하나님나라의 개념은 신학적으로 'already but not yet(이미 그러나 아직)'이란 개념으로 이해되고 있다.

이것을 쉽게 이해하도록 'D-day'와 'V-day'로 설명하기도 한다. 즉, 제2차 세계대전 때 연합군의 노르망디 상륙작전이 성공했을 때 이미 전쟁에 승리했지만(D-day), 실질적으로 그 전쟁이 끝난 것은 1년이 지난 이후였다(V-day). 독일군은 이미 패했지만 아직 숨어서 도망 다니며 저항했고, 연합군이 그들을 완전히 소탕하기까지 일정한 시간이 소요되었기 때문이다.

이것이 하나님나라의 사고방식(kingdom mentality)의 핵심 중 하나이다. 이것을 보다 정확하게 이해하기 위해서 법적 측면과 실제적 측면에 대한 비유를 더 들어보자.

만약 어떤 사람이 집을 사기 위해 대금을 치르고 쌍방간 계약서에 서명했다면, 이제 그 집은 실제로 가보았거나 가보지 않았거나 상관없이 법적으로는 이미 자신의 집이 되었다. 그러나 계약서가 있다 하더라도 실제로 그 집에 들어가 사는 것은 다른 이야기다. 자신이 그 집에 들어가 살기 위해서는 이미 그 집에 살고 있던 사람을 내보내야 한다.

이와 마찬가지로 현재적 하나님나라의 속성은 하나님나라가 이 땅에 임했기 때문에 하늘에서 이루어진 것같이(이미 법적으로 이루어진 것을) 우리의 믿음을 통해서 이 땅에서 실제적으로 이루어야 한다(아직 현실적으로 이루지 못했다).

따라서 지금은 성령의 역사로 인한 은혜의 시대이지만, 여전히 영적전쟁을 벌이는 상태이다. 하나님나라에서 이미 이루어진 주님의 말씀을 믿음으로 이 땅에 이루어가는 과정 안에 있는 것이다. 그것이 바로 아직 완전하게 이루어지지 않은 현재적 하나님나라의 삶이다. 우리는 성령 안에서 주의 말씀을 믿음으로, 이미 이긴 전쟁이지만 전투를 통하여 쟁취해야 한다. 이런 관점에서 볼 때 이 땅에서 '완전한 치유복음'은 사실이 아니다.

그럼에도 불구하고 우리는 예수님이 앞으로 이루실 일이 아니라 이미 다 이루신 일을 선포해야 한다. 이것이 하나님의 뜻을 이 땅에 나타내는 비밀이다. 앞의 비유를 다시 생각해보자. 당신이 구입한 집에 악한 사람이 살고 있다고 하자. 당신은 계약서를 들고 가서 "이 집은 내 집이 될 것입니다. 나가주세요"라고 할 것인가? 아니면 "이 집은 이미 내 집입니다. 나가주세요"라고 할 것인가?

다른 말로 물어보자면, 당신 몸에 악한 영(질병)이 거하고 있을 때, 당신은 "주님이 이미 나를 치유하셨습니다"라고 할 것인가? 아니면 "주님이 나를 치유해주실 것입니다"라고 할 것인가?(이 부분에 대한 실제적인 내용은 13장을 참고하라.)

하나님의 신성한 건강을 누려라

우리는 예수 그리스도 안에서 새로운 피조물이고, 하나님의 의이다. 하나님의 자녀는 세상 사람들과는 다른 사고방식으로 살아야 한다. 그것이 바로 믿음의 삶이다. 믿음의 삶이란, 현실과 자신에 기초한 삶이 아니라 하나님나라와 본질에 기초한 삶을 의미한다.

그러므로 너희가 그리스도와 함께 다시 살리심을 받았으면 위의 것을 찾으라 거기는 그리스도께서 하나님 우편에 앉아 계시느니라 위의 것을 생각하고 땅의 것을 생각하지 말라 이는 너희가 죽었고 너희 생명이 그리스도와 함께 하나님 안에 감추어졌음이라 골 3:1-3

우리는 이 땅에 살면서 고난을 받고 질병을 앓는 것을 자연스럽고 당연한 일로 받아들인다. 그러나 우리가 하나님의 자녀로서 하나님 나라의 삶을 산다면, 고난이나 질병이 당연하거나 자연스러운 것이 되지 말아야 한다. 하나님은 우리의 질병을 치유하시는 분이기 이전에 우리를 온전케 하시는 분이시기 때문이다. 하나님은 바로 그 일을 위해서 예수님을 이 땅에 보내셔서 우리의 죄를 속량하시고 우리를 자녀 삼아주셨다.

하나님의 자녀는 질병을 앓는 것이 당연한 것이 아니라 신성한 건강(sacred health)을 누리지 못하는 것을 이상하게 여겨야 한다. 그렇다면 현실을 볼 때, 정말 많은 사람들이(혹은 모든 사람들이) 질병을 앓고 있는 것은 왜인가? 믿음이 없기 때문인가? 죄악 가운데 살기 때문인가? 목회자나 의로운 사람들이 질병을 앓는 것도 우리가 알지 못하는 죄를 짓고 있기 때문인가? 바로 이렇게 보는 것이 세상적이고 이원론적인 사고방식이다. 마치 욥이 고통 받을 때 친구들이 욥을 책망한 것처럼 말이다. 이제 우리는 더 이상 이런 방식으로 보지 말아야 한다.

우리가 하나님의 생명을 지닌 하나님의 자녀인 것을 틀림없지만, 육체를 가진 현실적인 삶을 사는 동안에는 누구도 온전하지 못하다. 따라서 현실적으로 고난과 질병을 얼마든지 겪을 수 있다. 그리고 고난과 질병의 근원을 알 수 있는 경우도 있지만 대부분은 알지 못한다.

우리는 우리의 고난과 질병을 자연스럽고 당연한 것으로 받아들여서도 안 되지만 그것들이 죄 때문이라고 정죄하거나 판단해서도 안 된다. 왜냐하면 하나님의 자녀는 하나님나라와 본질에 기초한 영적 생각으로 살아가야 하기 때문이다.

육신을 따르는 자는 육신의 일을, 영을 따르는 자는 영의 일을 생각
하나니 육신의 생각은 사망이요 영의 생각은 생명과 평안이니라

롬 8:5,6

영적 생각을 하는 하나님의 자녀는 하나님의 온전함에서 모든 의
식을 시작해야 한다. 하나님의 영이 우리에게 충만하게 거하시고,
그 생명이 우리의 혼과 육을 통치하시고, 우리의 모든 죄를 사하신
예수님이 우리 안에 거하심으로 인하여 우리가 다시 태어날 때부터
누리는 온전함을 어떻게 지속적으로 흔들림 없이 유지할 수 있는가
의 관점에서 보아야 한다. 따라서 비록 삶 동안에 육체의 질병으로
고난을 받고 있다 하더라도 그 질병의 치유만을 위해서 하나님과 교
제하는 것이 아니라 하나님의 자녀로서 하나님이 주신 온전함을 누
리는 관점에서 하나님과 교제하며 기도해야 한다.

왜 하나님의 초자연적인 능력이 우리의 삶에 넘쳐나지 않는가? 그
것은 하나님을 믿으면서도 우리 자신을 세상의 자녀로 규정하고 질
병을 앓을 때 하나님께 구하면 하나님이 치유해주신다는 정도의 사
고방식으로 하나님과 교제하기 때문이다. 우리는 더 이상 세상의 자
녀가 아니라 하나님의 자녀이다. 우리는 전철을 바꾸어 타는 것처럼
마귀를 믿다가 예수님을 믿는 자가 된 것이 아니다. 우리의 신분에
변화가 생긴 것이 아니라 본질과 태생이 바뀐 것이다. 우리가 예수
그리스도를 영접할 때부터 하나님으로부터 새롭게 태어나 예수 그리

스도 안에 있는 영적 존재가 된 것이다.

> 너희는 하나님으로부터 나서 그리스도 예수 안에 있고 예수는 하나
> 님으로부터 나와서 우리에게 지혜와 의로움과 거룩함과 구원함이 되
> 셨으니 고전 1:30

이제 새로운 믿음을 갖자. 현실적으로 질병의 고통을 받을 수는
있지만 본질적으로 우리는 항상 건강한 존재라는 것을 알아야 한
다. 하나님의 생명이 나의 혼과 육을 항상 통치하시기에 어떠한 질
병도 나를 괴롭힐 수 없다는 것을 믿어야 한다. 그럼에도 불구하고
현실적으로 당하는 질병과 고통이 있을 때도 하나님의 말씀을 믿고
선포하며 영생을 누리자.

신유는 하나님의 절대적인 주권이다

"그리스도인이 가난한 것과 병든 것은 하나님의 뜻이 아니다"라는
말은 옳지만, "우리가 믿음으로 이러한 상태로부터 완전히 벗어날
수 있다"는 것은 진리가 아니다. 우리가 이런 상태로부터 완전히 벗
어나는 것은 현재적 하나님나라가 아니라 미래적인 완전한 하나님
나라에서 이루어지기 때문이다.

우리가 그리스도인으로서 거룩한 삶을 살 때 평안과 기쁨을 누리

고, 모든 일에 성경의 말씀대로 긍정적 믿음을 가지고 살 때 그렇지 않은 사람들보다 건강하게 살 수는 있지만, 그렇다고 해서 질병에 걸리지 않거나 사고를 당하는 것을 피할 수 있는 것은 아니다. 올바른 생활이 어떤 질병으로부터 보호해줄 수는 있지만, 모든 질병을 막아주는 것은 아니다. 따라서 우리가 믿음을 가졌다 할지라도 치유되지 않을 수 있다. 왜냐하면 우리는 주 안에서 믿음으로 주의 일을 이루어가는 것이지, 믿음으로 하나님의 약속에 대한 결과를 얻어내는 것이 아니기 때문이다.

오늘날 우리는 사탄이 하나님의 통치를 방해하는 시대에 살고 있다. 그렇기 때문에 치유하시고자 하는 하나님의 뜻이 인간을 통해서 언제나 성취되는 것은 아니다. 왜냐하면 우리가 살아가는 동안, 비록 의인이지만 우리의 혼과 육에 마귀에게 빌미를 줄 수 있는 틈이 얼마든지 있을 수 있기 때문이다. 따라서 그리스도인이 현세에서 당하는 고통은 단지 그리스도를 위해 받는 고통에만 국한되는 것이 아니다.

모든 타락과 질병과 죽음은 궁극적으로 죄와 타락 때문이며 그것은 사탄에게서부터 온 것이지만, 사탄만이 하나님의 뜻에 반하여 그리스도인에게 육체적 질병을 유발시킨다는 것은 비성경적이다. 사탄의 세력뿐만 아니라 우리의 죄와 죄악된 습관, 하나님의 특별한 뜻에 의해서도 육체적 질병이 허용될 수 있기 때문이다(예를 들어, 사도 바울이 다메섹 도상에서 눈이 보이지 않게 된 사건).

그러나 이런 하나님의 특별한 개입을 일반화시켜서는 안 된다. 즉, 그렇기 때문에 우리가 할 수 있는 일은 아무것도 없으며, 단지 하나님의 주권에 맡겨야 한다는 생각을 가져서는 안 된다. 왜냐하면 그분은 우리 안에 계시며, 우리를 통해서 그분의 뜻을 나타내기 원하시기 때문이다. 우리는 우리 안에 계신 그리스도의 삶을 살아야 하며, 그분이 대속으로 이루신 일을 믿음으로 취하고 예수 그리스도의 이름을 선포하며 이 땅에서 주님의 말씀을 이루어가야 할 의무가 있다.

따라서 우리가 신유에 대해서 가져야 할 생각을 정리해보자면 이렇다. 첫째, 치유는 하나님의 절대적인 주권이다. 둘째, 비록 믿음으로 기도했음에도 불구하고 치유되지 않을 수도 있다. 셋째, 그러나 우리 안에 계신 그리스도께 의지하여 주님의 말씀을 믿음으로 선포해야 한다. 넷째, 우리는 이미 이긴 전쟁을 끝까지 싸워야 한다.

하나님나라의 복음 차원에서 또는 하나님의 뜻을 이루어가는 관점에서 질병에 대해 기도할 때 우리는 하나님을 더 깊이 알아가게 되며, 하나님이 질병을 치유해주시거나 혹은 비록 질병이 치유되지 않는다 하더라도 나 자신을 변화시켜주시는 것에 대해, 또한 더 나은 본향에 대해 확신과 소망을 갖게 된다. 신유를 위한 기도는 단지 육신을 치료받기 위해서만이 아니라 하나님의 뜻을 이루기 위해 드리는 것이다.

주 영광의 임재와 말씀으로 치유된다

치유와 기적의 요소

치유와 기적이 일어나기 위해 가장 중요한 세 가지 요소가 있다. 그것은 첫째, 하나님의 영광의 임재 가운데 나타나는 능력이며, 둘째, 예수 그리스도 안에 있는 믿음, 셋째, 하나님의 말씀이 풀어지는 것이다. 화학실험을 할 때, 각 물질이 따로 있을 때는 아무 일도 일어나지 않지만 서로 섞이면 반응이 일어나는 것처럼, 하나님의 영광의 임재 가운데서 말씀이 믿음으로 풀어질 때 성령의 권능이 작동한다. 우리는 무엇보다도 주 영광의 임재와 말씀이 믿음을 통해 내 안에서 폭발적인 반응을 일으키도록 해야 한다. 이 장에서는 영광의 임재와 말씀에 대해서 알아보자.

첫째, 하나님 영광의 임재를 사모하라

우선 우리가 하나님의 영광을 사모해야 하지만 하나님의 영광의 임재와 능력은 다르다는 것을 알아야 한다. 하나님의 영광이 임할 때 능력이 나타난다. 따라서 우리가 하나님의 능력을 보기 위해서는 하나님 영광의 임재를 먼저 구해야 한다.

어떤 경우에는 그분의 영광을 구하기보다 단지 그분의 능력만을 구하게 된다. 하나님의 역사를 제대로 모르기 때문이다. 다시 한 번 말하지만, 먼저 주님의 영광을 사모하고 주님의 뜻을 믿음으로 행할 때, 그분의 권능이 나타나게 된다.

> 오직 성령이 너희에게 임하시면 너희가 권능을 받고 예루살렘과 온 유대와 사마리아와 땅끝까지 이르러 내 증인이 되리라 하시니라
>
> 행 1:8

예수님뿐만 아니라 성령세례를 받은 제자들에게도 하나님의 능력이 나타났다. 이러한 능력은 사도 시대 때만 나타난 것이 아니라 지금도 나타나고 있다. 이러한 능력은 기름부음을 받은 사람의 안수를 통해서 전해지기도 하고 말씀을 듣거나 성도들이 함께 모여 기도할 때 하나님의 영광 중에 친히 나타나기도 한다.

하루는 가르치실 때에 갈릴리의 각 마을과 유대와 예루살렘에서 온

바리새인과 율법교사들이 앉았는데 병을 고치는 주의 능력이 예수와 함께하더라 눅 5:17

온 무리가 예수를 만지려고 힘쓰니 이는 능력이 예수께로부터 나와서 모든 사람을 낫게 함이러라 눅 6:19

하나님이 나사렛 예수에게 성령과 능력을 기름붓듯 하셨으매 그가 두루 다니시며 선한 일을 행하시고 마귀에게 눌린 모든 사람을 고치셨으니 이는 하나님이 함께하셨음이라 행 10:38

빌기를 다하매 모인 곳이 진동하더니 무리가 다 성령이 충만하여 담대히 하나님의 말씀을 전하니라 행 4:31

심지어 병든 사람을 메고 거리에 나가 침대와 요 위에 누이고 베드로가 지날 때에 혹 그의 그림자라도 누구에게 덮일까 바라고 행 5:15

둘째, 영광의 영역으로 들어가라

이제 그리스도의 몸 된 교회인 우리는 하나님 영광의 임재 안으로 들어가 새로운 세상을 볼 줄 알아야 한다. 우리가 현재적 하나님나라에서 살기 위해서는 영광의 영역 안으로 들어가, 지금까지 우리가 가지고 있던 사고체계를 내려놓고, 새로운 패러다임을 가져야 한다.

지금까지 우리는 하나님의 자녀로서 살기보다는 하나님을 믿는 신자의 삶을 택하고, 예수 그리스도 안에서 살기보다는 예수 그리스도를 닮아가기만 원하며, 하나님의 의가 되기보다는 죄를 짓지 않는 자가 되려 하고, 주의 뜻을 이루기보다는 자신의 문제를 해결받기만을 원하고, 내 안에 계신 주의 영광을 이 땅에 풀어내기보다는 하늘에 계신 주께 구하는 자가 되기를 원했다.

우리가 하나님나라를 침노하여 그분을 높이고 그분의 권능을 이 땅에 풀어내는 것이 하나님이 예수 그리스도 안에 있는 우리에게 주신 소명이기도 하다. 지금은 하나님의 자녀인 우리가 세상의 흑암의 권세에서 벗어나 하나님의 영광 안에서 그분의 능력을 이 땅에 풀어내고, 능력과 기사와 표적으로 그분의 통치를 나타내며, 은혜의 자유함을 누리고, 이 땅을 묶고 있는 어둠의 권세들을 쫓아내야 할 때이다.

하나님께서는 시공을 초월한 하나님의 영광 가운데 말씀으로 시간과 공간과 물질로 이루어진 이 세상을 창조하셨다. 이 물리적 세계에서는 어떤 물질이라도 공간 안에서 형태를 가진다. 이곳과 동시에 저곳에 있을 수 없으며, 어떤 물질이라도 다른 형태로 변화되기 위해서는 시간의 흐름 가운데서 물리적, 화학적, 전기적 반응이 일어나야 한다. 즉, 이 땅의 모든 일들은 시간의 경과에 따라 자연계의 법칙에 의해 어떤 과정을 통해 일어난다는 것이다. 예를 들어, 머리카락이 자라거나, 손톱이 자라거나, 몸의 세포가 새롭게 되는 것을 생각해보라. 이런 일들은 시간이 경과함에 따라 일정한 생물학법칙에 의해 일어난다.

타락으로 인해 하나님의 영광이 떠난 후부터 인간은 하나님의 방식으로 세상을 볼 수 없게 되었고, 시간, 공간, 물질 안에 제한된 인식을 가질 수밖에 없다. 따라서 시간, 공간, 물질을 초월하여 어떤 일이 일어나는 것은 생각도 하지 못하고, 믿지도 못하며, 받아들이지도 못한다. 그러나 몸에 있던 종양이나 암종이 순식간에 사라지는 기적을 생각해보라. 그것은 세상의 법칙에 의해 일어나는 것이 아니다. 영광의 영역인 하나님나라에서 하나님나라의 법이 이 땅에 적용되어서 나타난 것이다. 그러한 일은 시간이나 공간이나 물질의 제약을 받지 않는다. 우리는 이 세상을 우리가 인식하는 방식과 정도로 이해하는 것이지, 이 세상이 우리가 인식하는 것에 의해서만 작동하는 것이 아니라는 사실을 알아야 한다.

나라가 임하시오며 뜻이 하늘에서 이루어진 것같이 땅에서도 이루어지이다 마 6:10

하나님나라는 무엇을 의미하는가? 하나님나라는 하나님의 통치와 주권을 의미한다. 하나님의 영광 가운데 창조의 능력이 나타나는 곳을 말한다. 그곳에는 우리가 인식하고 있는 과거, 현재, 미래가 없다. 영원한 현재만이 존재한다. 그곳은 우리가 인식하는 삼차원

영역이 아니라 초자연적인 영역이다. 물질이 존재하는 것이 아니라 모든 물질의 근원이 되는 말씀이 존재한다. 현실의 영역에서는 변화의 능력이 나타나지만, 영광의 영역인 하나님나라에서는 창조의 능력이 나타난다.

예수 그리스도께서는 하나님나라의 복음을 전하셨다. 그리고 예수 그리스도의 죽으심과 부활과 약속하신 보혜사 성령님의 오심으로 하나님나라가 임했다. 예수님은 하나님의 통치가 임하면 뜻이 하늘에서 이루어진 것같이 이 땅에서도 동일하게 이루어진다고 말씀하셨다. 이제 우리는 예수 그리스도 안에서 하나님의 형상을 나타내는 존재로 살아가야 한다. 예수 그리스도 안에서 성령님을 통하여 하나님 아버지의 말씀을 듣고 행하는 삶을 살아야 하는 것이다.

> 너희는 천지를 지으신 여호와께 복을 받는 자로다 하늘은 여호와의 하늘이라도 땅은 사람에게 주셨도다 시 115:15,16

> 감추어진 일은 우리 하나님 여호와께 속하였거니와 나타난 일은 영원히 우리와 우리 자손에게 속하였나니 이는 우리에게 이 율법의 모든 말씀을 행하게 하심이니라 신 29:29

우리가 하나님의 자녀가 되어 그 하나님의 통치 안으로 들어간다는 것은 이 물리세계에 제한받는 것이 아니라 우리 안에 계신 예수 그리스도로 말미암아 그분의 영광 안에서 초차연적인 영역에 거할 수 있게 된다는 것이다. 하나님은 영이시며, 그 하나님께서 우리 안에 계심으로 인하여 우리는 더 이상 육적인 존재가 아니라 영적인 존재가 되었다.

세상의 불신자들은 이 세상의 법칙에 묶여 살지만, 하나님의 자녀인 우리는 하나님의 통치 안에 들어가 하나님나라의 법을 배우고, 하나님의 말씀을 이 땅에 풀어놓음으로 이 세상을 하나님이 본래 만드신 세상으로 변화시켜야 한다.

> 그러므로 우리가 그의 죽으심과 합하여 세례를 받음으로 그와 함께 장사되었나니 이는 아버지의 영광으로 말미암아 그리스도를 죽은 자 가운데서 살리심과 같이 우리로 또한 새 생명 가운데서 행하게 하려 함이라 롬 6:4

셋째, 성령 안에서 말씀이 풀어지게 하라

말씀이 하나님이시다. 많은 이들이 매일 말씀을 읽고 묵상하지만 그 말씀을 대하는 태도에 문제가 있다. 아마도 말씀이 진리가 아니라 우리의 삶에 도움이 되는 좋은 글 정도라고 생각하는 그리스도인은 없을 것이다. 그러나 진리에 생명이 더해져야 하는데, 단지 자신의 이성으로만 진리를 받아들이고 있다는 데 문제가 있다.

그럴 경우, 말씀은 하나님의 생명이 아니라 기록된 진리일 뿐이다.

생명 없는 진리에는 능력이 없다. 말씀은 하나님이시고, 말씀이 육신이 되신 분이 바로 예수 그리스도시다.

> 태초에 말씀이 계시니라 이 말씀이 하나님과 함께 계셨으니 이 말씀은 곧 하나님이시니라 ··· 말씀이 육신이 되어 우리 가운데 거하시매 우리가 그의 영광을 보니 아버지의 독생자의 영광이요 은혜와 진리가 충만하더라 요 1:1,14

말씀을 받아들이는 우리의 태도를 바꿔야 한다. 우리가 성경을 읽든, 설교를 듣든 간에 하나님의 말씀을 듣는다는 마음의 자세를 가져야 한다. 성경 속 이야기나 설교자의 말이 아니라 하나님께서 친히 말씀하시는 것으로 읽고 들어야 한다. 하나님은 말씀으로 우리와 대화하신다. 하나님의 음성을 말씀으로 들려주시는 분이 성령님이시다.

> 이러므로 우리가 하나님께 끊임없이 감사함은 너희가 우리에게 들은 바 하나님의 말씀을 받을 때에 사람의 말로 받지 아니하고 하나님의 말씀으로 받음이니 진실로 그러하도다 이 말씀이 또한 너희 믿는 자 가운데에서 역사하느니라 살전 2:13

그들과 같이 우리도 복음 전함을 받은 자이나 들은 바 그 말씀이

그들에게 유익하지 못한 것은 듣는 자가 믿음과 결부시키지 아니함이라 히 4:2

성령 안에서 믿음으로 들을 때 말씀이 살아 역사한다. 말씀으로 질병이 치유되고, 말씀으로 악한 영이 떠나가고, 말씀으로 기적이 일어난다.

하나님의 말씀은 살아 있고 활력이 있어 좌우에 날선 어떤 검보다도 예리하여 혼과 영과 및 관절과 골수를 찔러 쪼개기까지 하며 또 마음의 생각과 뜻을 판단하나니 히 4:12

우리가 성령 안에서 말씀을 통하여 살아 계신 하나님의 음성을 들을 때 그 말씀은 기록된 진리가 아니라 '레마', 즉 하나님이 성령을 통하여 현재적으로 나에게 주시는 말씀이 된다. 이 말씀은 영이고, 생명이며, 능력이다.

살리는 것은 영이니 육은 무익하니라 내가 너희에게 이른 말은 영이요 생명이라 요 6:63

예를 들어, 가브리엘 천사가 마리아에게 나타나 하신 말씀이 '레마'이다. 즉, 그날 하나님이 마리아에게 주신 말씀이다. 그 말씀을 믿음으로 받을 때 능력이 나타난다. 예수님과 사도들이 성령의 감동하심으로 주의 말씀을 선포할 때 기적이 일어났다.

대저 하나님의 모든 말씀은 능하지 못하심이 없느니라 마리아가 이르되 주의 여종이오니 말씀대로 내게 이루어지이다 하매 천사가 떠나가니라 눅 1:37,38

우리가 성경 말씀을 읽을 때 왜 생명의 능력이 나타나지 않을까? 그것은 그 말씀이 하나님 영광의 임재 가운데 풀어지지 않기 때문이다. 말씀을 들을 때 성령님의 도우심이 있어야 한다. 예를 들어 평상시에 말씀을 들을 때는 단지 지식이나 정보로만 들리지만, 어떤 때에는 그 말씀이 나의 마음을 움직여 눈물이 나기도 하고, 그 말씀이 정말로 믿어져서 그 말씀대로 행하게 된다. 하나님의 영광의 임재 가운데 성령님이 역사하셨기 때문이다.

매일 말씀을 먹어라

성령 안에서 말씀이 우리의 영혼을 새롭게 할 때에만 우리는 영적으로 살아 있는 것이다. 우리가 육신의 건강을 유지하기 위해 매일 음식을 먹는 것처럼, 우리의 영혼이 주님의 뜻 가운데 있기 위해서는 매일 영혼의 양식인 말씀을 먹어야 한다. 말씀을 먹지 않으면 진리를 알지 못하고 예수 그리스도 안에 있는 믿음을 가질 수도 없다.

> 너희가 거듭난 것은 썩어질 씨로 된 것이 아니요 썩지 아니할 씨로
> 된 것이니 살아 있고 항상 있는 하나님의 말씀으로 되었느니라
> 벧전 1:23

> 예수께서 대답하여 이르시되 기록되었으되 사람이 떡으로만 살 것이
> 아니요 하나님의 입으로부터 나오는 모든 말씀으로 살 것이라 하였
> 느니라 하시니 마 4:4

만약 우리가 치유되기 원한다면 치유에 관련된 말씀을 매일, 매
시간 먹어야 한다. 육적으로 배불리 먹을 때 만족하는 것처럼 말씀
이 우리의 영혼을 사로잡을 때까지 먹어야 진정한 만족이 있다. 그
럴 때 다른 것에 눈을 돌리지 않게 되고, 그 말씀으로 자신과 세상을
보게 된다.

말씀을 통해서 세상을 보라

우리는 주의 말씀을 믿는다고는 하지만 정작 그 말씀을 통해서
세상을 보지는 못한다. 예를 들어 누가 간암으로 고통 받는다고 해
보자. "그가 채찍에 맞음으로 너희는 나음을 얻었나니"라는 말씀을

들었을 때 그는 "아멘" 하며 "내가 나았음을 믿습니다"라고 고백한다. 그러나 정작 그 말씀대로 이루어진 자신을 보지는 못한다. 그 말씀이 진리라면 그 말씀대로 자신의 간암이 완전히 사라지고 몸의 독소가 다 사라진 결과를 믿음으로 볼 줄 알아야 한다. 이것이 진정한 믿음이다. 진정한 믿음은 성령 안에서 말씀에 따라 상상하고 느끼는 것이다. 하나님은 그 믿음대로 역사하신다.

믿음은 바라는 것들의 실상이요 보이지 않는 것들의 증거니 히 11:1

말씀을 공부하지 말고 체험하라

어떤 일이 일어났을 때 우리는 그에 해당되는 말씀을 읽고 묵상한다. 그러나 우리가 그렇게 하는 궁극적인 목적은 말씀을 알기 위해서가 아니라 그 말씀의 실체를 경험하기 위해서이다. 말씀을 아는 것과 말씀을 체험하는 것은 하늘과 땅 차이이다. 말씀을 경험하기 위해서는 지금까지 자신이 가져왔던 편견, 선입관, 고정관념 등을 버리고 그 말씀대로 행하는 인내의 시간을 가져야 한다.

예를 들어, 수학 문제를 풀 때 머리 쓰는 것이 귀찮아서 혹은 시간을 들이는 것이 아까워서 매번 책 뒤에 있는 해답을 보면서 풀고 이해한 것처럼 하지 말아야 한다는 것이다. 내게 닥친 문제를 지금 당장 풀 수 없어도 내 안에 계신 예수님이 답이라는 사실을 믿음으로 받아들이고, 믿음의 시련과 인내의 시간을 가져야 한다. 그럴 때 영이요 생명이신 하나님의 말씀이 내 안에서 풀어지고, 그 결과 나의 사고방식이 변화되어 하나님의 뜻대로 문제가 해결된다. 이러한 과정을 경험할 때 우리는 비로소 말씀을 경험하게 되고 영적인 성숙을 이루게 된다.

이는 젖을 먹는 자마다 어린아이니 의의 말씀을 경험하지 못한 자요
히 5:13

그리스도 안에 있는 믿음으로 치유된다

믿는 자에게는 예수 그리스도 안에 있는 믿음이 있다

신앙은 믿음이다. 누구나 믿음에 대해서 말하지만 진정한 믿음이 무엇인지 말하기는 어렵다. 왜냐하면 믿음은 마음의 태도로서, 그 본질은 믿음의 열매를 통해서만 증명될 수 있기 때문이다.

복음에는 하나님의 의가 나타나서 믿음으로 믿음에 이르게 하나니 기록된 바 오직 의인은 믿음으로 말미암아 살리라 함과 같으니라

롬 1:17

우리는 하나님의 말씀을 믿음으로 살아가야 한다는 것은 알지만 항상 자신의 믿음이 부족하다는 생각을 가지고 살아간다. 그러나

그런 생각들이 사실은 마귀의 속임수라는 것을 아는 사람은 드물다. 마귀는 우리가 주님의 뜻을 이룰 믿음이 없다고 믿게 하기 위해 모든 수단과 방법을 사용하고 있다.

그러나 당신도 기적을 일으킬 수 있는 믿음을 가지고 있다는 것을 알아야 한다. 따라서 당신에게도 기적이 일어난다는 것을 알아야 한다.

우리가 구원을 받고 예수 그리스도 안에 거하게 되었을 때, 예수 그리스도께서 가지셨던 그 믿음을 우리도 갖게 되었다. 현실적으로 믿기지 않고, 그 믿음이 실증되지 않았을지라도 이것이 진리이다.

> 내가 진실로 진실로 너희에게 이르노니 나를 믿는 자는 내가 하는 일을 그도 할 것이요 또한 그보다 큰 일도 하리니 이는 내가 아버지께로 감이라 요 14:12

왜냐하면 예수님이 아버지께로 가실 때 약속하신 보혜사 성령께서 우리 안에 오셨고, 우리는 예수 그리스도 안에 거하기 때문이다. 그럴 때 그 일을 행하는 것은 우리가 아니라 우리 안에 계신 그리스도이시다.

두 가지 믿음

예수 그리스도를 믿지 않는 자에게는 오직 한 가지 믿음만 있지만 예수 그리스도 안에 있는 자에게는 두 가지 믿음이 있다. 할렐루야! 이 비밀을 제대로 알 때 우리는 새로운 차원의 삶을 살 수 있다. 그 것은 바로 감각적인 믿음과 영적인 믿음이다. 전자는 혼적 믿음, 현실적 믿음, 자신의 믿음이다. 반면에 후자는 영적 믿음, 예수 그리스도 안에 있는 믿음이다.

많은 경우, 하나님의 자녀가 되었음에도 불구하고 자신에게 예수 그리스도 안에 있는 믿음이 있다는 것을 알지 못하고 자신의 믿음으로 신앙생활을 하기 때문에 하나님의 권능을 경험하지 못한다. 각 각의 믿음의 특징에 대해 살펴보자.

감각적 믿음(자신의 믿음)

우리 모두는 감각적 믿음 혹은 혼적 믿음을 가지고 있으며, 대부분 이 믿음에 기초하여 산다. 이 믿음은 성령 안에서 하나님의 말씀에 의지하여 세상을 보고 이해하는 것이 아니라, 타락한 존재로 태어나서 눈에 보이는 대로, 귀에 들리는 대로, 마음에 생각되는 대로 이해하고 판단하고 느끼며, 자신의 경험에 기초하여 가지는 마음의 태도이다.

혼적 믿음은 합리적이고, 과학적이고, 논리적이고, 우리의 감각으로 인식되는 것에 한하여 작동한다. 예를 들어, 누군가 당신의 통장에 천만 원을 입금했다는 말을 들었다면, 입으로는 "믿습니다"라고 말할지언정 자신이 직접 통장에 찍힌 천만 원을 보기 전까지는 믿지 않는다.

혼적 믿음은 항상 의심과 불신을 동반한다. 따라서 이 믿음으로 사는 사람은, 믿음이란 하나님의 말씀을 붙드는 자신의 정신적인 능력이라고 생각한다. 그는 늘 '어떻게 하면 이 믿음으로 하나님께 인정받을 수 있을까'라는 생각을 하게 된다.

영적인 믿음(자녀의 믿음)

그리스도 안에서 주님의 뜻을 이루어내는 믿음이다. 이 믿음은 자신이 죽고 그리스도가 계신 자만이 가질 수 있는 믿음이다. '어떻게 하면 주님이 이루실 수 있고 사용하실 수 있는 마음이 될까'라는 생각을 가질 때 생기는 믿음이다. 즉, 자신이 하나님의 뜻을 이루고자 하는 마음을 포기하고, 그분이 마음껏 쓰실 수 있도록 내어드리는 마음이다.

이 믿음은 주님의 자녀만이 가질 수 있다. 하나님의 사랑을 체험한 자녀만이 가질 수 있는, 하나님을 기쁘시게 하고자 하는 마음에서 나오는 믿음이기 때문이다.

그리스도 예수 안에서는 할례나 무할례나 효력이 없으되 사랑으로써 역사하는 믿음뿐이니라 갈 5:6

성경에 나타난 믿음

예수님은 인간의 믿음(혼적인 믿음)과 예수 그리스도 안에 있는 믿음(초자연적인 믿음) 둘 다에 대해 말씀하셨기 때문에 성경을 볼 때 주의 깊게 봐야 한다. 성경은 예수님의 공생애 기간 동안에는 아직 우리가 예수 그리스도 안에서 하나님의 자녀(하나님의 의, 새로운 피조물)가 되지 못했기 때문에 인간의 감각적 믿음만을 가지고 있지만, 그날 후에는 예수 그리스도 안에 있는 믿음을 갖게 된다고 말하고 있다.

예를 들어, 예수님이 이 땅에 계실 때 "왜 믿음이 없느냐", "믿음이 작은 자여 왜 의심하였느냐", "네 믿음이 너를 구원하였느니라"라고 말씀하셨을 때의 '믿음'은 '인간의 감각적인 믿음'을 말씀하시는 것이다.

그러나 예수님이 공생애 사역 동안에 앞으로 올 '그날' 이후를 보시며 제자들에게 가르치신 믿음은 '예수 그리스도 안에 있는 믿음'이다. 예수님이 도래할 하나님나라를 바라보시며 제자들에게 가르쳐 주신 말씀을 보라.

> 예수께서 그들에게 대답하여 이르시되 하나님을 믿으라(Have faith in God, NLT, NIV) 내가 진실로 너희에게 이르노니 누구든지 이 산더러 들리어 바다에 던져지라 하며 그 말하는 것이 이루어질 줄 믿고 마음에 의심하지 아니하면 그대로 되리라 막 11:22,23

믿는 자들에게는 이런 표적이 따르리니 곧 그들이 내 이름으로 귀신을 쫓아내며 새 방언을 말하며 막 16:17

사도들이 주께 여짜오되 우리에게 믿음을 더하소서 하니 주께서 이르시되 너희에게 겨자씨 한 알만한 믿음이 있었더라면 이 뽕나무더러 뿌리가 뽑혀 바다에 심기어라 하였을 것이요 그것이 너희에게 순종하였으리라 눅 17:5,6

하나님의 권능이 나타나는 것은 우리 믿음의 분량에서 비롯되는 것이 아니라 예수 그리스도 안에 있는 믿음 때문이다. 우리 믿음에는 정도의 차이가 있을 수 있지만, 예수 그리스도 안에 있는 믿음은 있든지 없든지 둘 중의 하나이다.

우리가 표적으로 말씀을 증거하지 못하는 이유는 두 가지이다(막 16:20 참조). 하나는 자신에게 예수 그리스도 안에 있는 믿음이 있다는 사실을 알지 못하기 때문이고, 또 하나는 옛 사람에 의해 형성된 감각적 믿음이 그 마음에서 불신으로 작용하기 때문이다. 감각적 믿음으로 하나님 말씀에 반응할 때는 그 마음에 불신이 작용한다. 인간의 믿음을 가지려고 애쓰면 애쓸수록 의심과 불신은 더 커지게 마련이다. 그러나 예수 그리스도 안에 있는 믿음은 우리의 믿음이 아니라 하나님의 믿음으로, 이 둘은 차원이 전혀 다르다(막 11:22,23 참조).

후에 제자들이 가르친 '믿음' 역시 동일하다. 사도들이 가르친 믿음을 생각해보라. 신앙은 우리의 믿음이 아니라 예수 그리스도 안에 있는 믿음으로 행하는 것이다. 이 믿음은 오직 그리스도 안에 있을 때 성령으로 주어지는 것이지, 내가 얻어내는 것이 아니다.

내가 그리스도와 함께 십자가에 못 박혔나니 그런즉 이제는 내가 사는 것이 아니요 오직 내 안에 그리스도께서 사시는 것이라 이제 내가 육체 가운데 사는 것은 나를 사랑하사 나를 위하여 자기 자신을 버리신 하나님의 아들을 믿는 믿음 안에서(하나님 아들 예수 그리스도 안에 있는 믿음으로, KJV) 사는 것이라 갈 2:20

또 어려서부터 성경을 알았나니 성경은 능히 너로 하여금 그리스도 예수 안에 있는 믿음으로 말미암아 구원에 이르는 지혜가 있게 하느니라 딤후 3:15

그날 이후 주어진 믿음
실제로 자신의 믿음과 예수 그리스도 안에 있는 믿음의 차이를 제일 먼저 경험한 사람은 베드로였다. 베드로는 예수님과 함께 있을 때 자신의 믿음으로 수많은 기적을 체험했지만, 예수 그리스도 안에 있는 믿음이 무엇인지는 알지 못했다.

베드로를 포함한 제자들은 예수님이 십자가에서 돌아가신 다음 갈릴리 바닷가에서 다시 고기잡이를 하면서 보낼 수밖에 없었다. 왜냐하면 그들의 믿음으로는 주님의 말씀에 따른 표적을 행할 수 없었기 때문이다.

그러나 예수님이 말씀하신 대로 예루살렘에 머물면서 오순절 성령 강림 사건을 경험한 후, 마침내 그들에게 하나님의 나라가 임하게 되었다. 예수 그리스도 안에서 하나님의 의가 되었으며, 예수님이 가르치신 모든 것이 성령님에 의해서 깨달아지고, 실제적으로 체험되었다. '그날' 이후에 베드로는 예수 그리스도 안에서 첫 단독 사역을 행했다.

베드로가 이르되 은과 금은 내게 없거니와 내게 있는 이것을 네게 주노니 나사렛 예수 그리스도의 이름으로 일어나 걸으라 하고 행 3:6

놀라운 기적이 일어났고, 성내에선 큰 소동이 일어났다. 백성들이 베드로에게 모여들었을 때 베드로는 이렇게 말했다.

베드로가 이것을 보고 백성에게 말하되 이스라엘 사람들아 이 일을 왜 놀랍게 여기느냐 우리 개인의 권능과 경건으로 이 사람을 걷게 한 것처럼 왜 우리를 주목하느냐 … 그 이름을 믿으므로 그 이름이 너희가 보고 아는 이 사람을 성하게 하였나니 예수로 말미암아 난 믿음

이 너희 모든 사람 앞에서 이같이 완전히 낫게 하였느니라 행 3:12,16

베드로가 행한 기적의 비밀은 바로 "그 이름을 믿으므로"와 "예수로 말미암아 난 믿음"에 있었다. 베드로가 성령 체험을 한 후에 비로소 갖게 된 것이 무엇인가? 바로 "내게 있는 이것"이다. '이것'이 바로 자신의 믿음이 아니라 '예수로 말미암아 난 믿음'과 '예수 그리스도의 이름의 권능'인 것이다. 후에 베드로는 그 믿음에 대해서 이렇게 말했다.

예수 그리스도의 종이며 사도인 시몬 베드로는 우리 하나님과 구주 예수 그리스도의 의를 힘입어 동일하게 보배로운 믿음을(the same precious faith we have, NLT) 우리와 함께 받은 자들에게 편지하노니 벧후 1:1

자신의 기도나 노력으로 얻어낸 믿음이 아니라 "하나님과 구주 예수 그리스도의 의를 힘입어" 주어진 하나님의 믿음(예수 그리스도 안에 있는 믿음)을 새롭게 받았다고 말한 것이다.

우리가 믿음에 대해 혼란스러워하는 이유는 로마서의 '하나님께서 각 사람에게 다른 믿음의 분량을 나누어주셨다'라는 말씀의 참뜻을 알지 못하기 때문이다. 이 말씀이야말로 믿음에 대해 정확한 내용을 알려준다.

내게 주신 은혜로 말미암아 너희 각 사람에게 말하노니 마땅히 생각할 그 이상의 생각을 품지 말고 오직 하나님께서 각 사람에게 나누어주신 믿음의 분량대로 지혜롭게 생각하라(Be honest in your evaluation of yourselves, measuring yourselves by the faith God has given us, NLT) 롬 12:3

이 말씀은 하나님께서 각 사람에게 서로 다른 분량의 믿음을 주셨다는 뜻이 아니라, '하나님께서 동일하게 주신 믿음에 기초하여 자신이 느끼는 분량대로'라는 뜻이다. 즉, 하나님께서 모든 사람에게 주신 믿음은 동일하지만, 각자가 그 믿음을 받아들이는 데는 서로 다른 분량이 있다는 것이다.

그러니 자신이 받아들이는 만큼의 지혜로 살지 않고 마치 하나님의 믿음 전부를 가진 것처럼 생각하거나 행동하지 말라는 뜻이다. 예수 그리스도 안에 있는 믿음은 동일하지만, 우리의 혼적 불신이 얼마나 크냐에 따라 믿음의 분량이 달라진다는 것이다. 실제로 우리에게 믿음이 없는 것이 문제가 아니라 옛 사고체계에 의한 불신이 크기 때문에 온전한 믿음을 갖지 못하는 것이 문제이다(이 불신에 대해서는 9장을 참고하라).

우리가 지금 가지고 있다고 생각하는 그 믿음을 가지고 무엇을 어떻게 행하려는 마음을 가지면 가질수록 의심과 불신은 커지게 된다. 이미 우리 안에 있는(예수 그리스도 안에 있는) 하나님의 믿음이 우리를 통해서 풀어지고 있다는 것을 그냥 받아들여라. 하나님께서 주권적으로 행하시는 것을 우리의 의지와 지식과 경험으로 방해하지 말자.

예수 그리스도의 이름으로 치유된다

chapter

07

예수님의 약속

모든 하나님의 역사는 하나님의 영광 가운데서 그분의 뜻이 나타
나는 것이다. 하나님의 영광의 임재는 이 땅에 나타난 하나님 통치
의 실재이다. 하나님 영광의 본체이신 예수님은 우리에게 하나님의
영광이 임하도록 보혜사 성령님을 보내주겠다고 말씀하셨다. 주님
의 뜻은 바로 주님의 말씀이다. 그렇다면 언제 하나님의 통치가 시
작되며 어떻게 그 말씀이 이 땅에서 이루어지는가?

나라가 임하시오며 뜻이 하늘에서 이루어진 것같이 땅에서도 이루어
지이다 마 6:10

치유는 하나님의 약속이며 은혜이다. 따라서 우리가 하나님의 약속을 지킨다고 해서 반드시 치유가 일어나는 것은 아니다. 왜냐하면 하나님이 이미 이루신 약속이 이 땅에서 실제적으로 일어나도록 하는 것은 하나님께 달린 것이 아니라 우리의 믿음에 달렸기 때문이다.

예수님은 제자들이 전하는 복음을 믿는 자들에게도 표적이 따른다고 말씀하셨고, 그 일은 예수 그리스도의 이름으로 이루어진다고 하셨다. 예수님이 승천하신 후 제자들이 나아가 주님이 가르쳐주신 대로 믿음을 가지고 예수 그리스도의 이름으로 선포할 때 표적이 나타났다.

믿는 자들에게는 이런 표적이 따르리니 곧 그들이 내 이름으로 귀신을 쫓아내며 새 방언을 말하며 뱀을 집어 올리며 무슨 독을 마실지라도 해를 받지 아니하며 병든 사람에게 손을 얹은즉 나으리라 하시더라 주 예수께서 말씀을 마치신 후에 하늘로 올려지사 하나님 우편에 앉으시니라 제자들이 나가 두루 전파할 새 주께서 함께 역사하사 그 따르는 표적으로 말씀을 확실히 증언하시니라 막 16:17-20

예수님은 십자가를 지시기 직전에 이런 말씀을 제자들에게 이미 가르치셨다.

그날에는 내가 아버지 안에, 너희가 내 안에, 내가 너희 안에 있는 것

을 너희가 알리라 요 14:20

그날에는 너희가 아무것도 내게 묻지 아니하리라 내가 진실로 진실
로 너희에게 이르노니 너희가 무엇이든지 아버지께 구하는 것을 내
이름으로 주시리라 지금까지는 너희가 내 이름으로 아무것도 구하지
아니하였으나 구하라 그리하면 받으리니 너희 기쁨이 충만하리라
요 16:23,24

이 말씀들을 종합해보면 예수님이 가르치신 말씀의 핵심은 그날
이후부터는 믿는 자들이 예수 그리스도의 이름으로 아버지께 구하
게 될 것이고, 구한 것을 받음으로 기쁨이 충만하게 될 것이라는 뜻
이다. '그날'과 '예수 그리스도의 이름'의 연관성에 대해서 알아보자.

그날에는

'그날'은 언제를 가리키는 것일까? 바로 오순절 날(행 1:5 ; 행 2:1-
3)이며, 구체적으로 이런 날이다.

- ◆ 예수님이 우리의 죄와 저주를 대속하신 후이다(갈 3:13 ; 벧전
  2:24).
- ◆ 모든 마귀의 일을 멸하신 후이다(골 2:15 ; 히 2:14).

◆ 예수님이 부활 승천하시고 하늘, 땅, 땅 아래의 모든 이름을 무릎 꿇게 하신 후이다(엡 1:21,22 ; 빌 2:9-11).

◆ 보혜사 성령님이 우리에게 임하신 날이다(요 14:16).

◆ 우리에게 하나님나라가 임한 때이다(마 12:28 ; 막 9:1).

◆ 우리의 삶이 아니라 그리스도의 삶을 살 때이다(갈 2:20).

◆ 우리가 예수 그리스도 안에서 새로운 피조물로서(고후 5:17), 하나님의 자녀이고(고전 1:30 ; 고후 5:18), 하나님의 의(고후 5:21)가 된 때이다.

예수님의 이름

이름은 인격, 신분, 권세와 능력을 포함하고 있다. 그러나 그 모든 것은 그 사람이 살아 있을 때만 가능한 것이다. 예수님은 우리를 위하여 죽으셨지만 부활하셨고, 지금은 승천하셔서 하나님 우편에 계시며, 동시에 우리 안에도 계신다. 그분은 영원히 우리와 함께하신다. 그 예수님의 이름의 권세와 능력은 무엇일까?

예수 그리스도는 어제나 오늘이나 영원토록 동일하시니라 히 13:8

그의 능력이 그리스도 안에서 역사하사 죽은 자들 가운데서 다시 살리시고 하늘에서 자기의 오른편에 앉히사 모든 통치와 권세와 능력과 주권과 이 세상뿐 아니라 오는 세상에 일컫는 모든 이름 위에 뛰어나게 하시고 또 만물을 그의 발 아래에 복종하게 하시고 그를 만물 위에 교회의 머리로 삼으셨느니라 교회는 그의 몸이니 만물 안에서 만물을 충만하게 하시는 이의 충만함이니라 엡 1:20-23

모든 이름 위에 뛰어난 그 예수 그리스도의 이름은 세상을 하나님 나라로 바꾸는 교회를 위해서 주신 것이다. 교회인 우리는 그리스도의 몸으로서 예수 그리스도의 이름의 충만함을 나타내는 존재이다. 예수님은 이 땅에 계실 때 죄에 대해서, 질병에 대해서, 마귀에 대해서, 자연에 대해서, 죽음에 대해서 승리하셨다. 그리고 죽으시고, 부활하시고, 승천하시고, 우리에게 오셨다. 그 이유는 우리를 구원하실 뿐만 아니라 우리에게 예수님의 권세와 능력을 위임하시고, 우리로 하여금 그분의 이름으로 동일한 일들을 이 땅에서 행하도록 하시기 위해서이다. 우리가 주의 일을 행할 때 하나님 아버지의 뜻인 하나님나라가 이 땅에 이루어지기 때문이다.

하나님은 특별한 사람이 각고의 노력과 인내 끝에 주님의 권세와 능력을 얻어내는 것이 아니라, 예수의 이름을 믿고 사용하는 누구나 그것을 누리기 원하신다는 사실을 알아야 한다. 하늘, 땅, 그리고 땅 아래 있는 모든 악하고 타락한 피조물들을 우리가 예수 그리스도의 이름으로 회복시킴으로써 그분이 바로 주님이심을 알리고 하나님 아버지께 영광을 돌려야 한다. 할렐루야!

우리는 하나님의 의이다

부활하신 예수님은 대제사장으로서 그분의 피를 가지고 하나님 앞으로 나아가셨다(히 9:11,12). 그리고 피 흘림 없이는 죄 사함이 없다는 하나님의 공의를 만족시키셨다. 예수님은 하나님의 의가 되시고, 죽었다가 다시 살아난 하나님의 첫 아들이 되셨다(고전 15:20). 예수님은 모든 영광을 받으셨다. 그리고 하나님 우편에 앉으사 우리의 중재자가 되셨다(히 9:15). 그리고 그분은 우리 안에 오셨다. 우리는 오직 예수 그리스도 안에서 하나님의 의가 되었다(고후 5:21). 하나님의 의가 되었다는 것은 하나님께서 처음 지으신 바대로 하나님의 본질과 본성을 나타내는 새로운 피조물이 되었다는 뜻이다.

> 너희는 하나님으로부터 나서 그리스도 예수 안에 있고 예수는 하나님으로부터 나와서 우리에게 지혜와 의로움과 거룩함과 구원함이 되셨으니 고전 1:30

> 하나님이 죄를 알지도 못하신 이를 우리를 대신하여 죄로 삼으신 것은 우리로 하여금 그 안에서 하나님의 의가 되게 하려 하심이라
> 고후 5:21

우리가 예수 그리스도 안에서 하나님의 의라는 사실을 깨달으면,

예수님이 2천 년 전에 죄 없으신 분으로 이 땅에 오셔서 마귀의 일을 멸하신 것처럼, 우리도 예수 그리스도 안에서 죄의식 없이 자유하며 하나님의 유업을 이을 권리를 가졌음을 알게 된다. 우리가 정죄감이나 열등감, 죄의식 없이 아버지의 임재 앞에 설 수 있으며 그분의 사랑 가운데 그분의 뜻을 나타내는 존재라는 사실을 알 때, 우리는 더 이상 죄의 영향을 받지 않으며 마귀의 세력을 무력화시키는 존재라는 사실을 알게 된다. 다른 말로, 우리가 예수 그리스도 안에서 하나님의 의라는 사실을 깨닫게 될 때 아무런 두려움이나 죄의식 없이 예수 그리스도의 이름을 사용할 수 있게 된다는 것이다.

곧 이때에 자기의 의로우심을 나타내사 자기도 의로우시며 또한 예수 믿는 자를 의롭다 하려 하심이라 롬 3:26

너희가 그가 의로우신 줄을 알면 의를 행하는 자마다 그에게서 난 줄을 알리라 요일 2:29

예수 그리스도의 이름으로 살자

하나님나라가 임하기 전에는 제자들이 예수님께 구했고, 예수님은 우리를 위해서 아버지께 구하셨다. 그러나 하나님나라가 도래한 그날 이후부터 믿는 자는 자기 안에 있는 예수 그리스도의 이름으로 아버지께 구할 수 있게 되었다. 그리스도와 연합하여 그리스도의 영에 인도함 받는 자에게는 예수 그리스도의 모든 신분과 지위가 위임되었다. 하나님께서 우리를 예수님처럼 사랑하시고, 우리가 그분의 자녀가 되었기 때문이다. 내가 예수 그리스도의 이름으로 기도한다는 것은 내 안에 계신 예수님이 친히 행하신다는 뜻이다. 얼마나 놀라운 특권인가!

하나님께서 하나님나라에서 하나님의 뜻을 이루시는 길은 하나님의 자녀를 통해서이다. 이 땅에 있는 누구도 자신의 신분과 이름으로 의롭다 함을 얻을 수 없다. 오직 예수 그리스도 안에서 하나님의 의가 될 수 있을 뿐이다. 따라서 예수 그리스도 안에서 하나님의 의가 된 그분의 자녀가 예수 그리스도의 이름으로 선포하는 것 외에는 하나님의 뜻을 이룰 수 있는 방법이 없다.

우리가 우리 삶의 주인일 때는 우리의 이름과 신분으로 살아야 한다. 그러나 우리가 하나님의 자녀가 되었을 때는 하나님 아버지께서 예수 그리스도의 이름과 신분으로 살 수 있게 해주셨다. 우리가 하나님의 자녀, 곧 예수 그리스도 안에서 하나님의 의요 하나님의 자녀라면 우리는 더 이상 우리 자신의 이름으로 살 수 없는 존재이다.

오직 예수 그리스도의 이름을 부를 때만 하나님이 보시고 응답하신다. 우리는 직접 하나님을 대면할 수 없다. 왜냐하면 우리 자신으로서는 죄 가운데서 하나님 앞으로 나아갈 수 없기 때문이다. 오직 예수 그리스도 안에서, 예수 그리스도의 이름으로만 그분 앞으로 나아갈 수 있다. 예수 그리스도의 이름에는 놀라운 권세와 능력이 있다. 오직 예수 그리스도의 이름을 선포할 때 하나님의 능력이 임한다. 왜냐하면 예수 그리스도의 이름을 의지할 때만 내 안에 계신 하나님께서 그분의 일을 행하시기 때문이다.

예수 그리스도의 이름으로 선포하는 것은 그분의 이름으로 내가 내 내면으로부터 무엇인가를 끌어올려 나타내려는 시도나 노력이 아니다. 하나님께서 그분의 일을 행하시도록 길을 여는 것일 뿐이다. 그 과정에 나의 애씀이나 노력은 그분의 역사(길)를 방해하는 것일 뿐이다. 오직 믿음으로 그분의 이름으로 행할 때 그분의 놀라운 권능이 흘러가는 것을 볼 수 있어야 한다.

예수님의 이름으로 기도한다는 것은, 우리의 입장에서 기도하는 것이 아니라 예수님의 입장에서 기도하는 것이다. 만약 우리 입장에서 기도한다면 "주님, 제가 정말 부족하지만 한 번만 도와주세요"라는 마음으로 기도할 것이지만, 예수님의 입장에서 기도한다는 것은 예수님이 행하신 것을 동일하게 행한다는 뜻이다. 얼마나 신나는 일이겠는가? 예수님은 하나님의 아들이시다. 그리고 우리는 예수 그리스도 안에서 하나님의 자녀이다. 성령님의 임재 가운데 '예수 그리스도의 이름'으로 더러운 질병을 꾸짖으라.

하나님의 진리의 말씀으로 우리를 자유롭게 해야 한다. 하나님은 우리를 통하여 그분의 말씀을 이루길 원하신다. 우리 마음이 질병이나 마귀에 묶이는 것이 아니라 하나님의 말씀에 묶여야 한다.

PART

2

하나님의 치유,
그 실제와 체험

chapter
08
질병을 어떻게 이해할 것인가?

서양의학적 관점

육신의 질병에 대해서 서양의학은 어떻게 설명하고 있는가? 서양의학은 모든 문제를 유형적으로 분류하고 요소론적으로 나누는 방식을 택해왔다. 그래서 분류학이 발전되었다. 또한 생명체를 기관으로, 기관을 조직으로, 조직을 세포로 나누어 환원주의적으로 유기체 전체를 파악하고자 한다. 이러한 관점에서 인간의 생리를 보면 질병에 대해서 쉽게 말할 수 있다. 예를 들어, 인간은 물 없이 살 수 없다. 호흡하지 않고 살 수 없다. 먹지 않고 살 수 없다. 배설하지 않고 살 수 없다. 즉, 모든 세포에 수분과 산소와 포도당이 정상적으로 공급되고, 공급된 물질이 에너지로 변환되며, 그 과정에서 발생한 부산물이 정상적으로 배출될 때 각 세포와 조직, 장기는 정상적으로 기능하게 되고, 동시에 모든 치유 시스템이 활발하게 작동하게 된다. 이것이 서양의학에서 보는 육체의 건강이다.

반대로 육체의 질병은 육체 내 세포, 조직, 기관이 정상적으로 기능하지 못할 때, 혹은 외부로부터 들어온 독이나 병원균의 공격에 정상적으로 방어하지 못할 때 생긴다고 본다.

그렇다면 육체가 정상적으로 작동하지 못하는 이유는 무엇인가? 최근 들어, 스트레스로 인한 마음의 문제가 육체의 생리적 장애를 일으킨다는 사실을 발견한 것은 현대의학의 놀라운 업적 중 하나다. 실제로 한 연구 결과에 따르면, 육체 질병의 90퍼센트 이상이 스트레스 때문이라고 한다.

우리는 오랫동안 이성적 합리론을 강조하는 데카르트-뉴턴 식 사고방식에 사로잡혀 물질(생리적 육체)과 비물질(정신)은 서로 상관관계가 없다고 생각해왔다. 따라서 영적인 문제는 종교적으로, 마음의 문제는 정신과나 심리 상담을 통해서, 육체의 문제는 약이나 수술적인 방법으로 해결하는 것이 당연하다고 여겨왔다. 그러나 최근의 연구 결과들은 마음의 태도가 육체의 다양한 생리에 결정적 영향을 미친다는 것을 보여주고 있다.

스트레스와 질병

우리는 흔히 스트레스를 정신적, 육체적 긴장이나 피로 또는 중압감을 나타내는 말로 생각하지만, 보다 정확하게 정의하자면 스트레스란 자신의 생활 리듬을 깨뜨리는 중압감에 대한 마음의 반응을 의미한다. 즉 자신이 원하는 것이 주어지지 않을 때, 또는 자신이 할 수 없는 일이나 사건이 주어질 때 일어나는 마음의 반응이라는 것이다.

스트레스에는 긍정적인 스트레스도 있지만 부정적인 스트레스가 대부분이다. 이 부정적인 스트레스가 우리의 신체에 악영향을 미치고 궁극적으로 다양한 증상과 질병을 가져온다.

스트레스를 일으키는 상황들은 다음과 같다.

◆ 자신의 만족을 위해 자신의 소유, 통치, 공급권을 유지하거나 늘리기 위해서 최선을 다하고 있는 상황

◆ 일, 만남, 재정, 건강, 시간 등에서 당면하는 문제들이나 해야 할 일에 대한 압박감, 능력의 유무에 따른 염려와 두려움과 불안, 관계 문제, 미래에 대한 불확실성, 건강 문제, 가족 갈등, 낮은 자존감이나 무가치함에 대한 마음의 태도, 경제적 불안정, 시간에 쫓기는 삶 등의 상황

◆ 내면에서 끊임없이 울려 퍼지는 BBFM(the Better, the Bigger, the Faster, the More)과 같은 마귀의 속삭임

우리 인생은 마치 허들 경기와 같다. 이것을 해결하면 저것이 나타나고, 저것을 해결하면 또 다른 것이 닥친다. 산 너머 산이다. 사

실 100미터 허들 경기에서 일등을 한다고 해서 그 영광을 영원히 누릴 수 있는 것도, 가져갈 수 있는 것도 아닌데 말이다. 끝도 모르면서 우리는 무조건 뛰어야 하고 넘어야 한다고 생각한다. 이런 삶으로부터 화, 분노, 분개, 슬픔, 공포, 혼란, 죄책감, 무력감, 절망감, 좌절감, 무가치함, 부정적이고 왜곡되고 편협한 믿음(객관적이거나 현실적이거나 이성적인 믿음이 아닌), 옳지 않거나 비정상적인 공상 등을 매일 경험하게 된다. 더욱이 이러한 일들에 대한 생각이나 느낌은 시간이 지나면 잠재의식으로 넘어가 자신의 의식과 상관없이 그 속에서 끊임없이 자동적으로 작동한다.

이 스트레스는 실제적으로 어떻게 작동하는가? 우리 마음에 스트레스가 유발되면 시상하부, 뇌하수체, 그리고 부신피질에서 여러 가지 신경전달 물질이 발생하고, 그 결과로 자율신경계 중 교감신경계는 비정상적으로 활성화되는 반면 부교감신경계가 정상적으로 작동하지 못하게 된다. 이로 인해 세포가 비정상적인 모드로 바뀌게 되면서 장해를 받게 된다. 또한 내분비계에서 스트레스 호르몬이 발생하면서 세포, 조직, 기관 등이 위험상황에 대처하는 모드로 전환하게 되고 그 결과로 세포나 조직의 성장이나 치유, 정상적인 유지보수가 어렵게 된다.

결국, 스트레스를 통해서 손상된 세포와 조직에는 물 공급이 안되고, 산소 공급이나 포도당 공급이 부족해지며, 대사를 통한 노폐물의 제거가 원활히 진행되지 않음으로 담당하고 있는 생리적 기능이 소실되기 시작한다. 다른 말로 하자면, 각 기관들과 생리적 시스템들이 동적 균형을 이루지 못하면서 과부하가 걸려 점차적으로 죽어가는 것이다. 또한 면역방어시스템, DNA 복구 유전자시스템, 그리고 줄기세포의 활성이 감소되고, 그 결과 약한 신체부위가 손상을 입게 되면서 마침내 질병이 생기게 된다. 즉, 모든 질병은 세포 수준에서 에너지가 충분치 못한 것으로 인한 각 기관의 손상과 생리적 시스템의 불균형 그리고 치유시스템이 정상적으로 작동하지 못하기 때문에 발생된다고 볼 수 있다.

동양의학적 관점

한편, 동양의학에서는 대체적으로, 우주만물의 모든 역동성은 음양오행(陰陽五行)의 이치에 따른 기(감각되지 않는 영적 에너지)의 흐름에 있다고 본다. 인간을 소우주로 보며, 인간의 의식이 깨어날 때(마음이 육체의 묶임으로부터 벗어날 때) 우주와 합일될 수 있다고 생각한다. 또한 인간의 육신에는 눈에 보이지 않지만 기가 흐르는 경락이 있으며, 그 경락을 통하여 기가 원활히 흐를 때 건강이 유지된다고 본다.

반대로 육신의 질병은 기의 흐름이 막혔기 때문이라고 본다. 더욱이 초자연적인 일을 행하기 위해서는 기가 충만해야 하며, 그 목적을 달성하기 위해서 기, 차크라, 자연치유력 또는 치유에너지 등을 명상과 호흡법 등 다양한 방법으로 추구하고 있다. 이러한 뉴에이지적 방법도 어느 정도 효과가 있기 때문에, 질병으로 고통 받는 많은 사람들이 이런 쪽으로 빠져 들고 있다.

그러나 분명히 알아야 할 것은 이러한 '치유 능력'은 하나님의 생명력과 동일한 것이 아니라 마귀가 주는 능력이며, 그 능력에는 죄사함도, 은혜도, 영생도 없다는 사실을 알아야 한다.

그때에 너희는 그 가운데서 행하여 이 세상 풍조를 따르고 공중의 권세 잡은 자를 따랐으니 곧 지금 불순종의 아들들 가운데서 역사하는 영이라 전에는 우리도 다 그 가운데서 우리 육체의 욕심을 따라 지내며 육체와 마음의 원하는 것을 하여 다른 이들과 같이 본질상 진노의 자녀이었더니 엡 2:2,3

이 세상을 주관하는 능력에는 창조주이신 하나님의 생명력이 있는 반면 피조물인 마귀에 의해서 주어지는 악한 능력도 있다. 본래 우리 마음에 있었던 것은 하나님의 생명력이다. 그러나 타락한 후에는 영적 죽음으로 인한 우리의 잘못된 반응으로 말미암아 마귀의 악한 능력이 우리에게 영향을 미치게 되었다.

오늘날의 우리는 하나님의 생명력을 알지도 못한 채 악한 능력을 이용해서 치유를 받고자 한다. 이것은 마치 무당이 큰 귀신을 이용해서 사람의 몸 안에 있는 조무래기 귀신을 좇아내는 것과 같다.

성경적 관점

지금까지 서양의학과 동양의학의 관점을 잠시 살펴보았다. 이런 관점에서는 질병을 육과 혼에만 국한된 것으로 보거나 아니면 우리를 지으신 분의 뜻과 그 생명력을 알지 못한 채 세상의 능력에 의존하여 치료하고자 한다.

그러나 우리는 서양의학과 동양의학, 어느 것도 완전하지 못하다는 것을 알아야 한다. 인간의 존재를 생각할 때, 영혼육을 통합적으로 보지 않고 분리해서는 아무런 답도 얻을 수 없으며, 하나님의 생명력이 충만할 때라야 마음이 온전케 되고 그 결과로 육체의 기능이 정상적으로 작동된다는 것을 알아야 한다.

사람의 심령은 그의 병을 능히 이기려니와 심령이 상하면 그것을 누가 일으키겠느냐 잠 18:14

모든 지킬 만한 것 중에 더욱 네 마음을 지키라 생명의 근원이 이에서 남이니라 잠 4:23

영혼육의 유기적인 관계를 표현하기 위해서 "인간은 육에 혼을 소유한 영적인 존재이다"라고 보는 사람이 많다. 그러나 이런 정의는 인간을 표현하기에 부적절하다. 왜냐하면 우리를 지으신 하나님의 영 없이 우리의 영혼육을 논하는 것 자체가 잘못된 것이기 때문이다.

흙으로 지어진 인간 안에 하나님의 생명이 들어옴으로써 인간의 영혼·육이 만들어지게 되었다. 우리의 영은 하나님의 영이 임하시는 장소이고, 우리의 마음은 하나님의 생명력이 작동하는 곳이며, 우리의 육은 삶을 통하여 하나님의 뜻을 이루는 도구이다.

인간은 하나님의 목적대로 반응하고, 그분을 기쁘시게 하도록 지음을 받았다. 하나님의 생명이 충만히 거할 때 인간의 마음은 하나님의 뜻대로(하나님의 마음에 품은 뜻이 표현된 말씀대로) 생각하고 느끼고 행동할 수 있고, 그 결과로 사랑과 희락과 기쁨과 감사와 긍휼 등이 풍성한 삶을 살 수 있다.

또한 우리의 마음이 하나님의 영에 온전히 인도함을 받아 주의 말씀대로 작동할 때 하나님의 생명력이 온 육체에 흘러가고 육체 내 모든 생리적 시스템(내분비계, 자율신경계, 면역계, 혈관계 등)이 정상적으로 작동하게 된다. 따라서 마음은 우리 영에 계신 하나님의 생명이 작동하는 곳이며, 동시에 육신의 모든 생리적인 작용을 관장하는 곳이기도 하다.

모든 지킬 만한 것 중에 더욱 네 마음을 지키라 생명의 근원이 이에서 남이니라 잠 4:23

나를 믿는 자는 성경에 이름과 같이 그 배에서 생수의 강이 흘러나오리라 하시니 이는 그를 믿는 자들이 받을 성령을 가리켜 말씀하신 것이라 (예수께서 아직 영광을 받지 않으셨으므로 성령이 아직 그들에게 계시지 아니하시더라) 요 7:38,39

내가 주는 물을 마시는 자는 영원히 목마르지 아니하리니 내가 주는 물은 그 속에서 영생하도록 솟아나는 샘물이 되리라 요 4:14

하나님의 생명을 한 단어로 표현할 수는 없지만, 우리의 관점에서 표현해보자면 치유의 빛, 사랑, 생수(생명수), 생기, 하나님의 생명력 등으로 말할 수 있다. 우리가 하나님의 생명력 없이 스스로 자신의 마음을 지킨다고 온전한 삶을 살 수 있겠는가? 또한 마음에 하나님의 생명력이 역사하지 않고 스스로 자신의 육체를 단련한다고 건강한 삶을 살 수 있겠는가?

죄와 질병

그렇다면 성경적 관점으로 볼 때 질병이란 무엇인가? 탐욕을 품고 죄를 지음으로 말미암아 인간은 하나님의 영광이 떠나고 마귀의 영에 지배받는 육체적인 삶을 사는 존재로 전락했다. 그 결과 하나님의 영의 인도함도 받지 못하고, 마귀의 본성을 지니고 육적인 것과 혼적인 것을 추구하는 존재가 되어버렸다.

전에는 우리도 다 그 가운데서 우리 육체의 욕심을 따라 지내며 육체와 마음의 원하는 것을 하여 다른 이들과 같이 본질상 진노의 자녀이었더니 엡 2:3

결국 인간은 '굶주린 마음과 버림받은 마음'을 가지게 되었으며, 또한 자신이 주인이 됨으로써 '자기만족을 누리고자 하는 마음과 고통을 피하고자 하는 마음'을 갖게 되었다. 인간이 타락하여 자존자(自存者)의 삶을 살고자 할 때, 다른 말로 하나님처럼 되고자 하는 사람은 소유권, 통치권, 공급권을 갖고자 한다. 이런 욕구를 채우기 위해 반응할 때 인식하는 마음의 태도가 바로 스트레스인 것이다. 즉, 굶주린 마음과 버림받은 마음을 채우지 못할 때, 자기만족을 누리고자 하는 마음과 고통을 피하고자 하는 마음이 이루어지지 않을 때, 자신의 소유, 통치, 공급을 이루지 못할 때 생기는 마음의 태도가 바로 스트레스인 것이다.

우리가 스트레스를 받을 때 우리 마음에는 부정적인 감정과 이미지, 그리고 잘못된 믿음이 생겨나게 되고, 그 결과 악한 영은 합법적인 권세를 가지고 침입하여 능력을 행하게 된다. 이 파괴적인 힘은 우리 육체의 모든 기능을 비정상적으로 만들고, 그 결과로 우리는 갖가지 질병과 증상에 시달리게 된다.

이렇게 볼 때 질병의 진정한 근원은 스트레스가 아니라, 직간접적인 죄이다. 그리고 질병의 치유는 동양철학에서 말하는 기(氣)나 뉴에이지가 말하는 우주 에너지가 아니라, 하나님으로부터 주어지는 생명력에 있다.

그렇다면 마귀의 힘을 어떻게 제거할 수 있는가? 그것은 바로 예수 그리스도의 죽으심과 부활하심에 연합함으로써 보좌로부터 흘러내리는 생수의 강이 우리의 심령으로부터 나와 혼과 육을 충만히 적시도록 하는 것이다. 그리고 주의 말씀대로 생각하고 느끼고 행동하는 것이다. 그 결과로 우리의 육과 혼이 하나님이 만드신 대로 정상적으로 작동하게 된다.

의식과 잠재의식의 역동성을 이해하라

많은 그리스도인들이 "예수 그리스도를 마음으로 믿고 열심히 신앙생활 하는데 왜 질병이 발생하는가?"에 대한 의문을 갖고 있다. 그런데 그런 사람의 신앙생활을 잘 살펴보면, 하나님의 영에 인도함을 받기보다는 자신이 의식적으로 행하는 경우가 많다. 그들은 흔히 이렇게 말한다.

"저는 날마다 주님의 말씀을 듣고, 배우고, 행합니다."

이 말은 달리 보면, 모든 신앙생활을 하나님의 영으로 인도함 받지 않고 의식적으로 행동하고 있다는 간접적인 고백일 수 있다.

그러나 의식은 우리 마음의 일부분에 불과할 뿐이며, 실제로 우리의 삶을 이끌어가는 것은 의식이 아니라 잠재의식이다. 비록 우리가 기억하지 못하지만 부정적인 스트레스로 인한 파괴적인 힘이 우리의 잠재의식 속에서 여전히 작동하고 있다. 따라서 잠재의식을 변화시키는 것이 절대적으로 필요하다.

이처럼 부정적인 스트레스로 발생한 잠재의식 내의 파괴적 에너지를 성령과 말씀으로 없애는 것이 바로 성경적 치유이다. 그 결과로 마음과 신체에서 나타나는 여러 가지 증상이나 질병을 사라지게 할 수 있다. 실제로 우리 잠재의식 안에서 작동하고 있는 잘못된 명령이나 프로그램을 변화시키는 것은 우리의 영혼뿐만 아니라 육체의 질병을 치유하는 데 핵심이 된다.

우리는 말씀을 통해 자신의 의식 안에서 생각과 감정과 의지를 하나님의 뜻에 일치시키려고 노력하지만, 과거 하나님을 알지 못했던 때 형성되어 잠재의식으로 내려간 수많은 잘못된 생각, 감정, 의지는 전혀 변화되지 않았다. 거기에는 마귀의 영향력이 여전히 역사하고 있으며, 그것이 현재 내 삶을 좌우한다는 것을 알아야 한다.

의식뿐만 아니라 잠재의식 안에 존재하는 상한 감정, 부정적 심상(이미지), 왜곡된 믿음에는 악한 힘이 있다. 예를 들어, 우리 내면에서 올라오는 분노는 때로 스스로 통제할 수 없는 힘을 가지고 있다. 이처럼 부정적이고 악한 감정과 이미지, 왜곡되고 편협한 믿음은 항상 악한 힘을 가지고 있으며, 우리의 마음을 더럽히고 우리의 육신에 치명적인 해를 끼친다.

살아가면서 우리가 받은 스트레스는 우리 뇌에만 저장되어 있는 것이 아니라 우리 온몸의 세포들에도 기억되어 있다(우리의 마음이 온 육체를 감싸고 있다는 것을 생각해보라). 그리고 시간이 지나면서 스트레스는 잠재의식으로 넘어가게 되고, 우리의 의식으로는 기억하지 못하게 된다.

그러나 중요한 사실은 그렇다고 해서 그 스트레스들이 사라지지 않는다는 것이다. 단지 우리의 의식으로 느끼지 못할 뿐이지 모든 것이 저장되어 늘 작동하고 있다. 이것이 중요하다. 우리는 현재의 의식적인 사고와 느낌과 의지가 스트레스의 근원이라고 생각하지만, 그것은 잘못 알고 있는 것이다. 의식과 잠재의식의 역동성에 대해 몇 가지 살펴보자.

내가 보는 나와 다른 사람이 보는 나는 다르다

스스로는 열심히 말씀을 배우고 신앙생활을 잘한다고 생각하는 사람이 있다. 그는 자신의 삶이 매우 신앙적이라고 생각하지만(현재 의식으로 인식하는 것이 자신의 전부라고 생각하지만), 주위 사람들은 그 사람의 잠재의식으로부터 나온 것들이 그 사람과 다른 사람에게 어떤 영향을 미치고 있는지 알고 있다. 사실 주위의 가까운 사람들은 다 알고 있는데, 자신만 자신의 잠재의식 안에 무엇이 있는지 잘 모르는 것이다.

자신은 스스로에 대해 "나는 이런 사람이야"라고 생각하고, 다른 사람들도 그렇게 생각할 것으로 알고 있지만, 그것은 착각이다. 다른 사람들은 내가 나를 보는 것같이, 나를 그렇게 보지 않는다.

어찌하여 형제의 눈 속에 있는 티는 보고 네 눈 속에 있는 들보는 깨닫지 못하느냐 보라 네 눈 속에 들보가 있는데 어찌하여 형제에게 말하기를 나로 네 눈 속에 있는 티를 빼게 하라 하겠느냐 마 7:3,4

사실은 과거의 감정이다

잠재의식 내에 기억되어 있는 악한 감정, 심상(이미지), 믿음은 자신도 모르는 사이에 수면 위로 올라와 우리 삶에 영향을 미친다. 대부분의 경우는 자신이 전혀 의식하지 못하지만, 과거의 경험과 유사한 일을 경험하면 의식 위로 나타나게 된다.

그런데 놀라운 사실은, 잠재의식에서 올라온 것이 현실에 영향을 미칠 때 본인은 그것이 현실의 상황에서 만들어진 것이라고 착각한다는 것이다. 잠재의식으로부터 올라온 것에는 시간 개념이 없기 때문이다. 현재의식은 그것에 기초해서 생각하고 느끼고 행동한다.

예를 들어, 과거에 교수회의를 할 때의 일이다. 내 생각으론 매우 좋은 의견을 냈는데 다른 교수들이 내 의견에 동조하지 않았다. 사실 그렇게 중요한 일은 아니었는데, 내 마음속에 갑자기 분노가 올라오는 것이 느껴졌고, 그것이 내 말투에서도 나타났다.

처음에는 나의 정당한 의견에 반대했기 때문에 내가 분을 내는 것이 당연하다고 생각했다. 그러나 나중에 내 잠재의식 속에 어릴 때 권위자에게 받은 학대로부터 오는 분노가 숨어 있다는 것을 알게 되었다. 결과적으로 내 잠재의식 속에 있던 거절감에 대한 분노가 뒤어나온 것인데, 나는 그때 상황에서 다른 사람이 나의 정당한 의견에 반대했기 때문에 당연히 느끼는 감정이라고 생각했던 것이다. 그 당시 함께 회의했던 다른 교수들은 작은 일에 지나치게 분노하는 나의 태도가 비이성적이고 비합리적이란 것을 알았을 것이다.

결국, 의식 위로 떠올라 현재 느끼는 감정(더불어 그에 따른 악한 힘)은 과거에 경험한 자신의 감정이다. 이것이 왜 문제가 되는가? 당신의 현재 나이가 60세라고 가정해보자. 그런데 과거 다섯 살 때 경험한 감정이 지금 현재의식을 통하여 나타날 때 당신이 갖는 감정의 성숙도는 다섯 살짜리 수준이다. 그렇지만 우리는 그것을 알지 못하고 잠재의식으로부터 나타난 그 감정(즉, 다섯 살 때 가졌던 감정)을 현재 상황 때문에 나타난 감정이라고 합리화시켜 생각하고 반응하게 된다. 주위 사람들은 그 상황에서의 그런 반응이 비정상적이고 미성숙하다고 생각하여 어떻게 그렇게밖에 반응하지 못하는지 이해하지 못하지만, 정작 본인은 그런 상황에서 그렇게밖에 반응할 수 없다고 생각하는 것이다.

무리를 불러 이르시되 듣고 깨달으라 입으로 들어가는 것이 사람을 더럽게 하는 것이 아니라 입에서 나오는 그것이 사람을 더럽게 하는 것이니라 … 입에서 나오는 것들은 마음에서 나오나니 이것이야말로 사람을 더럽게 하느니라 마음에서 나오는 것은 악한 생각과 살인과 간음과 음란과 도둑질과 거짓 증언과 비방이니 이런 것들이 사람을 더럽게 하는 것이요 씻지 않은 손으로 먹는 것은 사람을 더럽게 하지 못하느니라 마 15:10-20

거짓을 믿고 현재를 망친다

잠재의식 속에 저장된 과거의 경험으로부터 올라온 잘못된 감정과 믿음에 사로잡혀 현재의 상황을 판단하고 비이성적이고 비논리적으로 반응하면 자기 스스로 현재의 삶을 엉망으로 만들어버리게 된다. 현실적으로 일어날 수 없는 일이나 상황을 스스로 만들어내어 자신을 파괴하는 꼴이다. 그야말로 거짓을 믿고 살아가는 것이다.

자신의 내면에서 올라오는 부정적인 감정과 왜곡된 믿음을 현재의 삶에서 일어나는 것으로 오해하고 적용함으로써 자신뿐만 아니라 주위 사람들과의 관계도 어그러뜨리고, 그 결과로 다시 심한 스트레스를 받게 된다. 정신질환이나 우울증의 대부분이 이런 패턴에 속한다.

너희는 하나님의 은혜에 이르지 못하는 자가 없도록 하고 또 쓴 뿌

리가 나서 괴롭게 하여 많은 사람이 이로 말미암아 더럽게 되지 않게
하며 히 12:15

통제할 수 없는 것을 통제하려 할 때

이처럼 잠재의식 안에 있는 알 수 없는 힘은 우리의 힘으로 통제하
지가 어렵다. 설령 안다고 해도, 성령님의 도움 없이 단지 자신의 의
지로 말씀을 붙든다고 해서 말씀의 능력을 경험할 수는 없다. 그래
서 대부분의 경우 자신의 잠재의식 안에 있는 것들이 튀어나오지 못
하도록 엄청난 에너지를 쏟아부어 막고 있는 것이다.

이럴 경우, 그것들이 의식 위로 올라오지는 않지만 잠재의식 안에
서 여전히 작동하고 있으며, 또한 갖가지 방어기제를 사용하여 그것
들을 누르고 있는 자체가 엄청난 스트레스이다. 이것은 또 다른 질
병을 불러일으키게 된다.

내가 치유를 방해하고 있다

우리는 각자의 방식대로 방어기제를 만들어 자신을 보호한다. 그
런데 방어기제는 순기능과 역기능 모두를 가지고 있다. 예를 들어,
순기능은 우리의 실수나 잘못을 잊어버림으로써 그 영향력으로부터
벗어나게 해준다. 반면에 역기능은 우리가 직면하고 싶지 않은 부분

을 억누르게 함으로, 결과적으로 그 악한 힘이 우리의 육체에 치명적인 손상을 주게 된다.

잠재의식 안에 있는 부정적인 감정과 심상과 믿음을 계속적으로 억압하면 지속적인 스트레스가 유발되어 만성 통증이나 만성적인 질병을 발생시킨다.

즉, 우리 스스로가 잠재의식 가운데 있는 그 부정적이고 악한 감정과 심상과 믿음이 제거되지 못하도록 막고 있는 것이다. 우리는 스스로 치유를 방해하고 있다.

어떻게 처리할 것인가?

그렇다면 우리 잠재의식 안에 있는 부정적이고 악한 감정과 왜곡된 믿음을 어떻게 제거할 수 있을까?

첫째, 그 문제를 치유하기 전에 자신이 누구인지를 먼저 알아야 한다. 즉, 우리가 하나님으로부터 태어나 예수 그리스도 안에 있는 새로운 피조물이라는 정체성을 가질 때에만 그 문제들을 해결할 수 있다. 잠재의식 안에 존재하는 잘못된 감정과 왜곡된 믿음은 더 이상 내 본질에 속한 것이 아니라, 새로운 피조물인 내 마음 안에 남아 있는 것일 뿐이다.

따라서 그 감정과 믿음을 변화시킴으로써 자신을 변화시키고자 노력하는 대신 옛 본성에 의해 형성된 그 감정과 믿음을 십자가에 못

박아야 한다. 성령에 의해 자신이 하나님의 자녀라는 사실이 체험되어진다면, 그런 감정과 믿음은 더 이상 고쳐야 할 대상이 아니라 십자가에 못 박아야 할 대상이라는 것을 깨닫게 된다. 왜냐하면 그것들은 더 이상 나의 감정이나 믿음이 아니기 때문이다.

둘째, 새로운 피조물로서, 즉 영적 어린아이로서 성령 안에서 하나님의 말씀에 따라 새로운 감정과 믿음을 갖는 것을 경험해나가야 한다. 그것은 바로 우리 안에 계신 예수 그리스도로부터 배우는 것이다. 성령을 통한 하나님과의 교제가 깊어질수록 새로운 경험에 의한 하나님의 감정과 믿음이 잠재의식으로 내려가게 되고, 그 결과로 새로운 삶을 살게 되며, 혼과 육이 온전함을 누리게 되는 것을 경험할 것이다. 그것이 바로 하나님나라의 삶이다.

영혼육 전부가 주님의 것인가?

편의상 우리의 존재를 영혼육 또는 영혼과 육체로 나누기는 하지만, 우리는 전인격적인 존재이지 영혼육을 따로 나누어 생각할 수 있는 존재는 아니다. 그렇다면 당신은 영혼만 구원받은 존재인가? 아니면 영혼육 전부를 구원받은 존재인가?

다른 말로 당신이 구원받았다면, 당신의 영혼육 모두가 주님의 것인가? 아니면 당신의 영은 하나님의 것이고 나머지 혼과 육은 당신 자신의 것인가? 우리는 우리의 영뿐만 아니라 우리의 육과 혼 모두가 하나님의 것이며, 하나님을 나타내는 통로임을 알아야 한다.

> 너희 몸은 너희가 하나님께로부터 받은 바 너희 가운데 계신 성령의
> 전인 줄을 알지 못하느냐 너희는 너희 자신의 것이 아니라 값으로
> 산 것이 되었으니 그런즉 너희 몸으로 하나님께 영광을 돌리라
> 고전 6:19,20

만약 당신의 영을 다른 사람에게 맡기거나 혹은 무당이나 영매에게 맡긴다고 생각해보라. 절대로 그럴 수 없으며, 또 그렇게 해서는 안 된다는 것을 잘 알고 있을 것이다. 그렇다면 당신의 혼이나 육신을 다른 사람이나 세상에 맡기는 것은 어떤가? 물론 그것도 안 된다고 생각할 것이다. 그러나 실제 삶에서는 그렇지 않다.

많은 그리스도인들이 자신의 마음을 세상과 육신과 물질과 마귀에게 맡긴 채 살아가고 있다. 우리는 영적인 문제는 하나님께 맡기고 기도하지만, 육신이나 마음에 문제가 생기면 아무런 거리낌 없이 약을 먹거나 병원을 찾아간다.

우리가 병원에 가거나 약을 먹는 것이 잘못되었다고 말하는 것이 아니다. 병원의 의사나 약도 하나님이 주신 것이다. 그러나 근원적인 치유자는 여호와 하나님이시다. 즉, 우리의 본질적인 문제는 하나님을 신뢰하기보다 하나님 대신 사람이나 약을 신뢰하는 우리 마음의 태도에 있다.

두 주인을 섬기는 것

우리는 하나님만이 궁극적인 치유자라는 사실을 절대적으로 믿어야 한다. 우리의 모든 질병과 저주는 직간접적인 죄 때문이고, 또한 그 죄로 인한 악한 영의 영향력 때문일 수 있다. 그러나 그것을 회복시킬 수 있는 분은 오직 하나님밖에 없다. 우리는 이 믿음 위에서 자신의 육과 혼을 하나님이 허락하신 다른 사람에게 맡기거나 약을 먹어야 한다. 의술이나 약의 효과는 하나님께 달려 있는 것이지, 그 의술이나 약 자체에 달려 있는 것이 아니다.

이것은 의사의 의술이나 약의 효력을 무시하는 것이 아니라 우리 마음의 태도를 말하는 것이다. 하나님의 자녀 안에는 하나님의 영이 함께하신다. 우리가 예수 그리스도 안에서 하나님의 말씀에 우리의 마음을 일치시킬 때, 다른 말로 하나님의 영이 우리의 혼과 육을 통치하실 때 비로소 하나님께서 지으신 대로 온전해질 수 있다.

그런데 오늘날에는 이원론적인 삶을 사는 그리스도인이 너무 많다. 단지 그 영만 하나님께 드리고 혼과 육은 세상에서 좋다는 약이나 의사들에게 그냥 맡겨버리는 것이다. 그리스도인이 예수 그리스도를 전적으로 믿는 믿음 없이 단지 의사나 약에 의존하고 의지하는 것은, 우리가 남편이나 아내를 두고도 다른 여자나 남자에게 우리의 몸을 맡기는 것과 동일한 것이다.

이것은 마태복음 6장의 말씀과 동일한 맥락이다.

네 보물 있는 그곳에는 네 마음도 있느니라 … 한 사람이 두 주인을
섬기지 못할 것이니 혹 이를 미워하고 저를 사랑하거나 혹 이를 중히
여기고 저를 경히 여김이라 너희가 하나님과 재물을 겸하여 섬기지
못하느니라 마 6:21,24

우리가 재물과 하나님을 함께 섬길 수 없듯이, 사람이나 약과 하
나님을 동시에 섬길 수 없다. "네 보물이 있는 그곳에는 네 마음도
있느니라"라는 말씀은 우리 마음의 태도에 관한 것이다. 거듭 말하
지만, 필요할 때 우리는 의사에게도 가야 하고 약도 먹어야 한다.
만약 하나님이 계시기 때문에 의사에게도 가지 말고 약도 먹지 말
아야 하며 오직 믿고 기도만 해야 한다고 하면, 그 주장은 하나님
이 허락하신 의사도 약도 부정하는 잘못된 믿음이다. 절대로 그렇게
하지 말아야 한다. 그러나 하나님 대신에 의사나 약에만 의존한다
면 그것은 영적으로 간음하고 있는 것이나 다름없다는 것을 알아야
한다.

너무나 안타깝게도 많은 그리스도인들이 의사에게 가거나 약을
먹었는데도 치유가 안 되니 그제야 '하나님께라도 의지해보자'라는
식으로 주님 앞에 나와 치유해달라고 매달린다. 이런 태도 때문에
아무리 외쳐 기도해도 아무것도 얻지 못하는 경우가 있다. 물론 한
편으로 처음에는 그렇게 시작했지만, 성령님의 도우심으로 진리의
말씀에 의해 마음의 태도를 바꾸고 질병의 치유뿐만 아니라 하나님

나라의 새로운 삶을 발견하게 되는 경우도 많다.

여호와께서 이와 같이 말씀하시니라 무릇 사람을 믿으며 육신으로 그의 힘을 삼고 마음이 여호와에게서 떠난 그 사람은 저주를 받을 것이라 렘 17:5

지금 우리도 무릇 사람을 믿으며, 육신으로 자기 힘을 삼고, 마음이 여호와에게서 떠나 있지는 않은지 점검해보아야 한다. 또한 하나님께서 지금도 온 땅을 두루 감찰하시며 전심으로 하나님을 향하는 자들에게 능력을 베푸신다는 사실을 알아야 한다(대하 16:9).

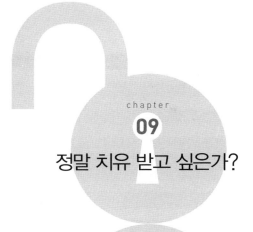

09

정말 치유 받고 싶은가?

회개하라

우리가 법적으로는 하나님의 자녀이지만 실제적으로는 온전한 삶을 살지 못할 때가 너무나 많다. 우리는 죄를 지닌 채로 혹은 다른 사람을 용서하지 않은 채로 하나님 앞에 나아갈 수 없다.

그러나 우리 안에 계신 예수님으로 말미암아 우리는 언제나 죄 사함을 받고 불의에서 벗어날 수 있다. 하나님 앞에 나아갈 때는 중보자 되신 예수 그리스도의 피로 정결케 되어야 한다. 예수 그리스도의 피만이 우리의 죄를 사할 수 있기 때문이다.

믿음의 기도는 병든 자를 구원하리니 주께서 그를 일으키시리라 혹시 죄를 범하였을지라도 사하심을 받으리라 그러므로 너희 죄를 서

로 고백하며 병이 낫기를 위하여 서로 기도하라 의인의 간구는 역사하는 힘이 큼이니라 약 5:15,16

만일 우리가 우리 죄를 자백하면 그는 미쁘시고 의로우사 우리 죄를 사하시며 우리를 모든 불의에서 깨끗하게 하실 것이요 요일 1:9

그가 빛 가운데 계신 것같이 우리도 빛 가운데 행하면 우리가 서로 사귐이 있고 그 아들 예수의 피가 우리를 모든 죄에서 깨끗하게 하실 것이요 요일 1:7

치유사역을 행하는 중에 아무리 기도해도 치유가 임하지 않을 때, 나는 기도 받은 사람이 회개하지 않은 죄가 있는지 마음속으로 하나님께 여쭤보곤 한다. 그럴 때 지식의 말씀의 은사로 하나님께서 그 사람의 죄를 알려주시면, 지혜롭게 말해준다. 실제로 그 사람이 그 말을 받아들이고 회개할 때 순식간에 질병이 치유되는 것을 보게 된다.

용서하라

타락 이후 하나님의 사랑이 없어져버린 인간은 죄의식 가운데서 서로 관계할 수밖에 없다. 하나님의 사랑 없이 각자 자신의 관점에서 생각하고 느끼다보니 서로를 판단하고 미워할 수밖에 없다.

우리는 부모형제, 배우자, 자녀를 비롯한 가족, 직장이나 교회의 권위자와 동료, 후배 등 나에게 상처를 준 사람들, 내 말을 듣지 않거나 내가 준만큼 주지 않는 사람들을 용서하지 못하는 경우가 많다. 특히 무서운 것은 자신을 용서하지 않고 미워하는 것이다. 그럴 때 완벽주의, 율법주의, 부당한 죄책감에 시달리게 된다. 하나님이 우리를 용서해주셨는데, 우리 자신이 하나님의 자리에서 자기 자신을 용서하지 못하는 어리석음을 범하고 있는 것이다. 그렇다면 용서에 대한 성경적 진리는 무엇인가?

첫째, 용서하지 않겠다는 것은 자신에 대한 하나님의 용서를 인정하지 못하겠다는 것이다. 우리가 다른 사람을 용서하는 것은 하나님이 나에게 베푸신 사랑과 용서를 인정하고 받아들이는 것이다. 우리가 용서하는 것은 상대방 때문이 아니라 하나님 때문이어야 한다. 하나님과 온전한 관계를 이루기 위해, 그분의 모든 은혜를 누리기 위해, 마귀의 묶임에서 자유함을 누리기 위해 용서해야 한다.

그 종의 주인이 불쌍히 여겨 놓아 보내며 그 빚(일만 달란트)을 탕감하여 주었더니 그 종이 나가서 자기에게 백 데나리온 빚진 동료 한 사람을 만나 붙들어 목을 잡고 이르되 빚을 갚으라 하매 그 동료가 엎드려 간구하여 이르되 나에게 참아주소서 갚으리이다 하되 허락하지 아니하고 이에 가서 그가 빚을 갚도록 옥에 가두거늘 … 주인

이 노하여 그 빚을 다 갚도록 그를 옥졸들에게 넘기니라 너희가 각
각 마음으로부터 형제를 용서하지 아니하면 나의 하늘 아버지께서
도 너희에게 이와 같이 하시리라 마 18:27-35

둘째, 용서는 감정의 문제가 아니라 죄의 문제다. 용서하지 못하
는 것은 상대방에 대한 미움과 증오, 억울함이란 감정 때문인 경우
가 많다. 그러나 용서는 감정에 중점을 두고 행하는 것이 아니다.
일만 달란트의 비유를 다시 생각해보라. 일차적으로 용서는 죄에 대
한 것을 다루는 것이며, 먼저 죄에 대한 문제가 해결될 때 감정이 회
복된다. 예수님은 기도하기에 앞서 용서할 것을 가르치셨다. 죄의
문제를 다루는 것이 중요하기 때문이다. 우리가 믿음으로 기도할
때 가장 많이 인용하는 구절이 마가복음 11장 24절이다. 그러나 실
제로 이 구절의 말씀대로 이루어지기 위해서는 다음 25절의 말씀도
이루어져야 한다. 왜냐하면 25절은 역본에 따라 '그리고 언제나' 혹
은 '그러나'로 시작되기 때문이다.

그러므로 내가 너희에게 말하노니 무엇이든지 기도하고 구하는 것
은 받은 줄로 믿으라 그리하면 너희에게 그대로 되리라 (그리고 언제
나 혹은 그러나) 서서 기도할 때에 아무에게나 혐의가 있거든 용서하
라 그리하여야 하늘에 계신 너희 아버지께서도 너희 허물을 사하여
주시리라 하시니라 막 11:24,25

따라서 용서할 마음이 없어도 용서해야 한다.

"내 감정이 동하지 않는데도 불구하고 내가 용서한다고 기도하면 그것은 나 자신을 속이는 가식이 아닐까요? 그렇게 기도한다고 무슨 일이 일어나겠습니까?"

많은 이들이 이렇게 반문한다. 그러나 우리가 알아야 할 것은 기도할 때 우리의 기분보다 훨씬 중요한 것이 바로 하나님의 말씀에 대한 믿음과 순종이라는 것이다. 우리는 자신의 감정에 따라 기도하지 않아야 하며, 말씀에 대한 믿음과 순종으로 기도해야 한다. 감정은 진리에 따라오는 것이다.

> 너희가 누구의 죄든지 사하면 사하여질 것이요 누구의 죄든지 그대로 두면 그대로 있으리라 하시니라 요 20:23

> 진실로 너희에게 이르노니 무엇이든지 너희가 땅에서 매면 하늘에서도 매일 것이요 무엇이든지 땅에서 풀면 하늘에서도 풀리리라
> 마 18:18

셋째, 용서는 상대방을 위한 것이 아니라 나 자신을 위한 것이며, 상대방의 행위와 상관없이 용서하고 축복하는 것이다. 용서한다는 것은 나와 하나님과의 관계를 새롭게 하고, 상대방의 문제를 내가 아니라 하나님께 맡기는 것이다. 또한 용서함으로써 나 자신이 자

유롭게 되는 것이다.

원수를 용서하기도 힘든데 어떻게 축복까지 할 수 있느냐고 반문할지도 모르겠다. 그러나 원수를 축복할 때 가장 큰 혜택을 받는 것이 바로 나 자신이다. 남을 미워하고 증오하게 되면 결국 자기 자신을 미워하게 되고 분노가 일어나게 된다. 이것은 어떤 약으로도 치유할 수 없다. 원수를 사랑하고 축복하라.

> 사람의 행위가 여호와를 기쁘시게 하면 그 사람의 원수라도 그와 더불어 화목하게 하시느니라 잠 16:7

넷째, 용서는 과정이다. 한 번 용서했다고 그 문제가 해결되는 것은 아니다. 죄의 문제를 해결하면, 하나님께서는 그때부터 마음의 감정의 문제를 해결하신다.

그러나 용서했다고 해서 기억이 사라지는 것이 아니기 때문에 용서하는 기도를 했음에도 불구하고, 자꾸 그 생각이 떠올라 마음이 불편하고 미움이 다시 생기기도 한다. 그렇더라도 계속적으로 용서를 결단하고 나아가야 한다. 그것은 진정으로 용서하지 않았기 때문이 아니라 상처를 이제 막 꿰맸기 때문이다. 시간이 지나면 그 문제가 생각나더라도 악한 감정이나 아픔이나 통증은 사라지게 된다. 즉, 시간이 흐르면 흉터는 남아 있지만 더 이상 아프지 않은 것과 같은 이치이다.

서로 친절하게 하며 불쌍히 여기며 서로 용서하기를 하나님이 그리스도 안에서 너희를 용서하심과 같이 하라 엡 4:32

너희가 무슨 일에든지 누구를 용서하면 나도 그리하고 내가 만일 용서한 일이 있으면 용서한 그것은 너희를 위하여 그리스도 앞에서 한 것이니 이는 우리로 사탄에게 속지 않게 하려 함이라 우리는 그 계책을 알지 못하는 바가 아니로라 고후 2:10,11

용서는 우리 자신이 해야 하는 일을 하나님께 내어드리는 가장 놀라운 능력이다. 용서는 나 자신을 기꺼이 내어드리는 행위이며, 다른 사람에게 묶이지 않는 행위이다. 또한 하나님의 역사가 일어나도록 길을 여는 것이다.

다섯째, 용서는 피해의식에서 벗어나는 과정이다. 상처로 인한 피해의식은 자신의 문제를 제대로 보지 못하고, 남을 탓하게 하며, 그 결과로 상대방을 용서하지 못하게 만든다. 용서하지 못하는 것 때문에 문제가 되는 사람들은 피해의식을 가진 경우가 많다.

용서하지 못하는 것은 영혼의 암세포와 같다. 그 암세포가 증식하면 영혼의 면역체계가 무너지고, 그 결과로 육신의 면역체계가 파괴되고, 육신에 질병을 일으킨다. 또한 용서하지 않을 때 스트레스 반응이 일어나며, 그 결과로 혈압이 올라가고, 심장박동에 문제가 생기고, 면역력이 떨어지며, 교감신경이 항진되어 소화가 잘 되지 않고, 혈액순환이 원활하게 이루어지지 않는다.

우리가 버려야 할 것들

우리가 정말로 치유받기를 원한다면, 자신의 질병을 용납하고 있는 잘못된 사고, 지식, 믿음을 제거해야 한다.

새 사람을 입었으니 이는 자기를 창조하신 이의 형상을 따라 지식에 까지 새롭게 하심을 입은 자니라 골 3:10

잘못된 사고를 버려라

첫째, 질병은 당연하다는 생각을 버려라. 우리가 하나님의 자녀면 질병은 결코 당연한 것이 아니다. 그 반대로 하나님의 생명을 누리는 것이 당연한 것이다. 그러나 현실의 삶에서 하나님의 나라와 의를 온전히 구하지 못했을 때 들어올 수 있는 것이 질병이다. 따라서 우리는 늘 성령충만한 가운데서 주님의 말씀이 우리의 온 마음에 풀어지도록 해야 하며, 항상 "나는 하나님의 자녀로서 온전함을 누리며 질병은 나에게 아무런 영향을 미치지 못한다"라는 믿음으로 살아야 한다.

둘째, 말씀을 듣고 아는 것이 내 자신을 변화시킨다고 생각하지 말라. 하나님의 말씀을 듣기만 한다고 해서 우리 삶이 변화되지는 않는다. 그런 태도는 자신의 얼굴에 검댕이 묻은 것을 거울로 보고도 그냥 두는 것과 마찬가지다. 말씀대로 당신의 생활습관이나 태도를 바꿔라. 그것은 "당신의 노력으로 말씀을 지켜라"라는 뜻이 아니다. 먼저 주님께 문제를 내어드리고, 주님이 말씀대로 이루셨다는 것을 믿고, 믿는 대로 행하는 것이다.

너희는 말씀을 행하는 자가 되고 듣기만 하여 자신을 속이는 자가 되지 말라 누구든지 말씀을 듣고 행하지 아니하면 그는 거울로 자기의 생긴 얼굴을 보는 사람과 같아서 제 자신을 보고 가서 그 모습이 어떠했는지를 곧 잊어버리거니와 자유롭게 하는 온전한 율법을 들여다보고 있는 자는 듣고 잊어버리는 자가 아니요 실천하는 자니 이 사람은 그 행하는 일에 복을 받으리라 약 1:22-25

셋째, 병원의 의사나 전문가가 한 말에 묶이지 말라. 의사도, 약도 하나님이 주신 선물이고 하나님께서는 온전히 사용하신다. 그러나 전문가의 말은 사실에 입각한 것이고, 경험에 의한 확률이며 인간이 보는 관점일 뿐이다. 당신이 하나님의 자녀라면 하나님의 관점에서 보고, 하나님의 말씀을 믿어라.

하나님은 사람이 아니시니 거짓말을 하지 않으시고 인생이 아니시

니 후회가 없으시도다 어찌 그 말씀하신 바를 행하지 않으시며 하신 말씀을 실행하지 않으시랴 민 23:19

넷째, 스스로는 이 병이 치유될 수 없다고 확신하면서 혹시나 하는 마음을 갖지 말라. 그것은 믿음이 아니다. 이미 불신을 가지고 있으면서 믿고자 하는 것일 뿐이다. 하나님의 말씀은 어떤 경우에라도, 어떤 상황에서라도 반드시 이루어진다는 것을 받아들이는 것이 믿음이다.

너희는 믿음 안에 있는가 너희 자신을 시험하고 너희 자신을 확증하라 예수 그리스도께서 너희 안에 계신 줄을 너희가 스스로 알지 못하느냐 그렇지 않으면 너희는 버림 받은 자니라 고후 13:5

다섯째, 질병과 평생 함께 지내기로 결정하지 말라. 그렇게 생각한다면 예수님이 이미 지신 것을 당신 스스로 계속 지겠다고 말하는 것과 다름없다. 이것은 예수님을 신뢰할 수 없기 때문에 스스로 예수님처럼 행동하고 있는 것이다. 겸손한 것처럼 보이지만 실상은 하나님을 대적하는 엄청난 교만이다.

이는 선지자 이사야를 통하여 하신 말씀에 우리의 연약한 것을 친히 담당하시고 병을 짊어지셨도다 함을 이루려 하심이더라 마 8:17

잘못된 신학적 편견을 버려라

첫째, 자신의 병을 사도 바울의 가시와 같다고 생각하지 말라.

흔히들 기도했음에도 불구하고 치유되지 않을 때 자신의 병을 사도 바울의 육체에 있던 가시와 같다고 비유한다. 그러나 자신의 질병을 사도 바울의 가시와 비교하기 전에 먼저 자신이 사도 바울과 같은 깊은 영성을 가지고 있는지, 그리고 그와 같이 하나님의 음성을 들었는지를 생각해보라. 이 부분에 대한 보다 구체적인 내용은 16장 '실망하지 말고 계속 기도하라'(280-282페이지)를 보라.

여러 계시를 받은 것이 지극히 크므로 너무 자만하지 않게 하시려고 내 육체에 가시 곧 사탄의 사자를 주셨으니 이는 나를 쳐서 너무 자만하지 않게 하려 하심이라 이것이 내게서 떠나가게 하기 위하여 내가 세 번 주께 간구하였더니 나에게 이르시기를 내 은혜가 네게 족하도다 이는 내 능력이 약한 데서 온전하여짐이라 하신지라 그러므로 도리어 크게 기뻐함으로 나의 여러 약한 것들에 대하여 자랑하리니 이는 그리스도의 능력이 내게 머물게 하려 함이라 고후 12:7-9

둘째, 자신의 질병에 하나님의 거룩한 뜻이 있다고 생각하지 말라.

이렇게 생각하는 것은 구약적 사고방식이다. 이런 사람은 죄를 짓거나 나쁜 짓을 했기 때문에 하나님께서 그에 대한 징벌로 질병을 내리셨다고 생각하고, 또 그 징벌을 통해 자신을 더 성숙하고 거룩하게 하신다고 생각한다. 만약 그렇게 생각한다면 당신은 복음이 무엇인지 모르고 있는 것이다. 신약에서 예수님이 행하신 치유사역을 보라. 어떤 경우라도 예수님은 치유하셨지, 질병에 하나님의 특별한 뜻이 있다고 말한 적이 없다.

친히 나무에 달려 그 몸으로 우리 죄를 담당하셨으니 이는 우리로 죄에 대하여 죽고 의에 대하여 살게 하려 하심이라 그가 채찍에 맞음으로 너희는 나음을 얻었나니 벧전 2:24

셋째, 성경의 말씀이 주어졌기 때문에 더 이상 기적이 일어나지 않는다는 거짓말에 속지 말라.

이는 잘못된 신학으로, 하나님의 말씀을 왜곡하고 있는 것이다. 예수 그리스도께서 다 이루시고 새 언약을 주셨기 때문에 기적이 더 일어나야 한다. 말씀이 주어진 것은 하나님의 자녀가 믿음으로 말씀의 실체를 이루게 하기 위해서이다.

하나님의 나라는 말에 있지 아니하고 오직 능력에 있음이라 고전 4:20

잘못된 믿음을 버려라

첫째, 하나님이 특별히 택하시거나, 또는 우리가 깊이 헌신하지 않으면 기적은 일어나지 않는다는 믿음을 버려라.

많은 사람들이 자신은 특별하지 않기 때문에, 끈질기고도 오랜 기도를 하지 않았기 때문에, 주님께 헌신하지 않았기 때문에 기적을 경험할 수 없다고 생각한다. 또 이와 반대로 하나님의 마음을 돌이킬 목적으로 열심히 기도하기도 한다. 그러나 기적은 우리의 행위나 공로로 얻어내는 것이 아니다. 기적은 예수 그리스도 안에 있는 자에게 오직 예수 그리스도의 은혜를 믿음으로 인하여 주어지는 것이다.

너희에게 성령을 주시고 너희 가운데서 능력을 행하시는 이의 일이 율법의 행위에서냐 혹은 듣고 믿음에서냐 갈 3:5

둘째, 좀 더 거룩해져야 하나님이 나에게 은혜를 베푸실 것이라는 믿음을 버려라.

자신이 거룩한 삶을 살지 않았기 때문에 하나님의 마음이 불편하실 것이라고 생각한다. 그러나 우리 마음의 태도로 하나님의 마음이 변하는 것이 아니다. 우리가 예수 그리스도 안에 있을 때 하나님 아버지는 언제나 우리를 사랑하시고 우리의 육신과 삶을 새롭고 온전하게 하기 원하신다.

하나님이 우리에게 주신 것은 두려워하는 마음이 아니요 오직 능력과 사랑과 절제하는 마음이니 딤후 1:7

오늘 있다가 내일 아궁이에 던져지는 들풀도 하나님이 이렇게 입히
시거든 하물며 너희일까보냐 믿음이 작은 자들아 마 6:30

자기 아들을 아끼지 아니하시고 우리 모든 사람을 위하여 내주신 이
가 어찌 그 아들과 함께 모든 것을 우리에게 주시지 아니하겠느냐
롬 8:32

잘못된 지식을 버려라

첫째, 부모로부터 물려받은 유전자가 내 육신과 형질을 결정한다
는 생각을 버려라.

현대의학은 유전자만이 우리의 형질을 결정하는 것이 아니라 그
유전자의 발현을 결정하는 단백질이 더 중요하며, 그 단백질은 환경
의 영향을 받는다는 것을 밝혀냈다. 이 분야의 학문을 후생유전학
(epigentics)이라고 하며, 특별히 우리 마음의 믿음이 어떤 단백질을
만들어낼지를 결정한다고 한다. 결국, 유전자뿐만 아니라 우리 마
음의 태도가 우리의 삶(건강과 질병)을 결정한다는 것이다.

사람의 심령은 그의 병을 능히 이기려니와 심령이 상하면 그것을 누
가 일으키겠느냐 잠 18:14

사랑하는 자여 네 영혼이 잘됨같이 네가 범사에 잘되고 강건하기를

둘째, 어릴 때 받은 상처와 쓴 뿌리가 지금의 내 성격을 만들었으니 어쩔 수 없다는 생각을 버려라.

그리스도인이 되었음에도 불구하고 어릴 때 경험한 상처와 쓴 뿌리로 인하여 성인이 된 이후에도 그 고통에서 벗어나지 못하는 사람들이 많다. 그것은 비록 의식하지는 못하지만 우리의 현재 삶이 이미 뇌와 잠재의식에 기록된 대로 이끌려가기 때문이다. 그러나 오늘날 첨단과학은 한번 만들어진 뇌신경은 바뀌거나 새롭게 형성되지 않는다는 기존의 연구 결과가 잘못된 것임을 밝혀냈다.

신경가소성(neuroplasticity)이란, 인간의 두뇌가 경험에 따라 변화된다는 것인데, 놀라운 사실은 우리의 뇌와 잠재의식은 경험과 상상을 구분하지 않는다는 것이다. 즉, 우리가 경험하지 못했을지라도 하나님의 말씀을 정말로 받아들일 때, 다시 말해서 성령 안에서 말씀에 따라 상상하고 느낄 때 우리의 뇌의 신경망과 잠재의식이 바뀐다는 것이다. 할렐루야!

너희는 하나님의 은혜에 이르지 못하는 자가 없도록 하고 또 쓴 뿌리가 나서 괴롭게 하여 많은 사람이 이로 말미암아 더럽게 되지 않게 하며 히 12:15

셋째, 부모, 가정, 자신의 외모, 지혜, 돈 때문에 어쩔 수 없다는 생각을 버려라.

많은 사람들이 자신의 처지를 탓하며 산다. 어떤 환경 때문에 이럴 수밖에 없다는 생각이다. 그러나 진실은 환경 때문에 자신이 그렇게 된 것이 아니라, 그 환경을 믿기 때문에 믿은 대로 현실을 만들어내고, 그 만들어낸 현실을 경험하며 사는 것이다. 따라서 마음의 태도를 바꾸면 그 자신이 변화되고, 주위 환경이 변화되며, 새롭게 변화된 환경을 경험하며 살 수 있다. 이것이 바로 예수님이 가르쳐주신 "믿은 대로 될지어다", "네 믿음이 너를 구원하였느니라"란 말씀의 진정한 의미이다. 환경을 보고 처지를 한탄하든지 아니면 생명의 말씀을 믿고 자신과 환경을 바꾸든지 결정하라. 하나님은 이미 은혜를 베푸셨지만, 선택은 당신의 몫이다.

믿음은 바라는 것들의 실상이요 보이지 않는 것들의 증거니 히 11:1

넷째, 자신의 감각으로 인식되는 시간, 공간, 물질만이 실재라고 믿고 있는 생각을 버려라.

보통, 눈에 보이고 자신의 마음으로 인식되는 것만이 실재라고 생각한다. 그렇지 않다. 우리 눈에 보이지 않지만 실재인 것은 얼마든지 있을 수 있다. 일반 사람들이 인식하는 세상과 첨단과학자들이 인식하는 세상은 다르다.

예를 들어, 우리는 우리의 감각으로 인식되는 절대 시간과 공간 속에서 살지만 아인슈타인의 상대성 이론과 양자물리학을 생각해보라. 시간도, 공간도 변할 수 있고 다른 차원의 삶도 얼마든지 존재할 수 있다. 우리의 인식체계를 바꾸어야 한다. 당신이 영적 존재라면 하나님의 말씀으로 세상을 볼 줄 알아야 한다.

믿음으로 모든 세계가 하나님의 말씀으로 지어진 줄을 우리가 아나니 보이는 것은 나타난 것으로 말미암아 된 것이 아니니라 히 11:3

그러므로 너희가 그리스도와 함께 다시 살리심을 받았으면 위의 것을 찾으라 거기는 그리스도께서 하나님 우편에 앉아 계시느니라 위의 것을 생각하고 땅의 것을 생각하지 말라 이는 너희가 죽었고 너희 생명이 그리스도와 함께 하나님 안에 감추어졌음이라 골 3:1-3

죄와 고난과 질병은 우리 생각을 변질시키고, 감정을 부정적으로 만들고, 의지를 약화시킨다. 우리가 하나님의 자녀라면 자기중심적인 생각을 버려야 한다. 자신의 관점에서 자신과 질병을 보지 말고 하나님의 관점에서 바라보아야 한다.

특별히, 자기연민이나 자기합리화에 빠지지 말아야 한다. 말씀을 읽고 듣고 믿는데도 그 말씀에 능력이 없는 경우가 많은 것은 자신의 생각으로 말씀을 받아들이기 때문이다. 말씀에 대한 자신의 생각은 아무런 능력이 없다.

반대로 하나님의 말씀으로 자신을 바라보고, 말씀에 자신의 생각과 감정과 의지를 일치시켜야 한다. 그것이 바로 기적을 일으킨다.

주변의 부정적 영향을 받지 말라

간과하기 쉽지만, 치유에 있어서 결정적인 영향을 미치는 것 중 하나가 가까운 사람들의 믿음이다. 우리는 함께하는 사람들의 믿음에 영향을 받기 마련이다. 부정적인 생각은 주위에 부정적인 영향을 끼친다. 기적이 일어날 수 없는 분위기를 제거해야 한다. 가까이 있는 사람이 동일한 믿음을 가짐으로 자신의 믿음이 더 온전해지고 성령의 역사가 더 강력해지도록 해야 한다.

예수님도 믿지 않는 분위기에서는 권능을 행하실 수 없으셨다.

예수께서 그들에게 이르시되 선지자가 자기 고향과 자기 친척과 자기 집 외에서는 존경을 받지 못함이 없느니라 하시며 거기서는 아무 권능도 행하실 수 없어 다만 소수의 병자에게 안수하여 고치실 뿐이었고 그들이 믿지 않음을 이상히 여기셨더라 이에 모든 촌에 두루 다니시며 가르치시더라 막 6:4-6

예수님은 회당장의 죽은 딸을 살리기 위해서는 먼저 주위의 믿지 않는 자의 영향력을 제거하는 것이 필요하다는 것을 아셨다. 그래서 예수님과 함께한 자들 외에는 다 내보내셨다.

아직 예수께서 말씀하실 때에 회당장의 집에서 사람들이 와서 회당
장에게 이르되 당신의 딸이 죽었나이다 어찌하여 선생을 더 괴롭게
하나이까 예수께서 그 하는 말을 곁에서 들으시고 회당장에게 이르
시되 두려워하지 말고 믿기만 하라 하시고 베드로와 야고보와 야고
보의 형제 요한 외에 아무도 따라옴을 허락하지 아니하시고 회당장
의 집에 함께 가사 떠드는 것과 사람들이 울며 심히 통곡함을 보시
고 들어가서 그들에게 이르시되 너희가 어찌하여 떠들며 우느냐 이
아이가 죽은 것이 아니라 잔다 하시니 그들이 비웃더라 예수께서 그
들을 다 내보내신 후에 아이의 부모와 또 자기와 함께한 자들을 데
리시고 아이 있는 곳에 들어가사 그 아이의 손을 잡고 이르시되 달
리다굼 하시니 번역하면 곧 내가 네게 말하노니 소녀야 일어나라 하
심이라 소녀가 곧 일어나서 걸으니 나이가 열두 살이라 사람들이 곧
크게 놀라고 놀라거늘 막 5:35-42

예수님은 벳새다가 믿음이 없고 악한 영적 분위기가 감도는 곳임
을 알고 계셨기에 도움을 청하는 맹인을 마을 밖으로 데리고 나가셨
다. 그 맹인의 심령이 얼마나 눌려 있었는지 예수님이 기도하셨음에
도 불구하고 한 번에 치유되지 않았다. 그래서 예수님이 다시 기도
하셔서 완치하시고, 마을에 들어가지 말라고 하셨다. 왜냐하면 그

들의 불신으로 인하여 다시 영향을 받을까 염려하셨기 때문이다.

벳새다에 이르매 사람들이 맹인 한 사람을 데리고 예수께 나아와 손
대시기를 구하거늘 예수께서 맹인의 손을 붙잡으시고 마을 밖으로
데리고 나가사 눈에 침을 뱉으시며 그에게 안수하시고 무엇이 보이
느냐 물으시니 쳐다보며 이르되 사람들이 보이나이다 나무 같은 것
들이 걸어가는 것을 보나이다 하거늘 이에 그 눈에 다시 안수하시
매 그가 주목하여 보더니 나아서 모든 것을 밝히 보는지라 예수께서
그 사람을 집으로 보내시며 이르시되 마을에는 들어가지 말라 하시
니라 막 8:22-26

합심하여 기도하라

안타깝게도 합심기도의 비밀을 알고 누리는 자가 많지 않다. 우
리는 기도의 힘이 부칠 때 다른 사람에게 중보기도를 요청하거나 아
니면 함께 모여서 기도한다. 그럴 때 대부분 간절한 마음으로 기도
하지만 마치 권투선수가 상대방을 치지 않고 허공을 치는 것처럼 효
과가 없는 기도를 하는 경우가 많다. 왜냐하면 육의 생각을 벗어나
지 못하고 있기 때문이다. 합심하여 기도하는 것은 서로에게 위로를
주기 위함도 아니고, 하나님의 보좌를 움직이기 위해서 더 많은 사
람들이 떼를 쓰는 것도 아니다.

합심기도의 영적 원리를 알면 그 능력이 얼마나 놀라운가를 경험하게 될 것이다. 약속의 말씀이 하늘에서 이루어진 것같이 이 땅에 이루어지도록 하기 위해서는 우리에게 예수 그리스도 안에 있는 믿음이 필요하다. 우리는 기도하고 구한 것을 이미 얻은 줄로 믿고 기도해야 한다. 그 말은 성령 안에서 말씀에 따라 이미 이루어진 실상과 증거를 상상할 줄 알아야 하고, 느낄 줄 알아야 한다는 것이다.

그런데 기도할 때 그러한 믿음을 방해하는 세력이 있다. 바로 마귀다. 마귀는 갖가지 전략을 써서 우리의 마음을 흐트러뜨린다. 그리하여 말씀대로 이미 이루어진 것을 보지 못하게 한다.

그럴 때, 우리가 합심한다는 것은 하나님의 생명을 가진 자들이 동일한 마음을 가짐으로 영적 공명 현상이 일어나고, 그것으로 마귀의 세력은 줄고 그만큼 믿음의 실상과 증거를 확실하게 볼 수 있게 된다는 것이다.

기도 당사자가 자신의 상황이나 처지 때문에 온전히 기도하기 힘들 때 중보자가 합심하여 동일한 마음으로 기도하면 영적 공명 현상으로 서로에게 엄청난 믿음의 영향력을 주게 되고, 주님의 말씀이 확실히 믿어지게 되는 것이다.

진실로 다시 너희에게 이르노니 너희 중의 두 사람이 땅에서 합심하여 무엇이든지 구하면 하늘에 계신 내 아버지께서 그들을 위하여 이루게 하시리라 두세 사람이 내 이름으로 모인 곳에는 나도 그들 중

에 있느니라 _마 18:19,20

그러므로 너희 죄를 서로 고백하며 병이 낫기를 위하여 서로 기도하라 의인의 간구는 역사하는 힘이 큼이니라 약 5:16

인간의 관점에서 보자면 하나님이 당신을 치유하지 않으실 이유들이 수없이 있겠지만, 하나님의 관점에서 보자면 하나님께서 당신을 치유하시지 않거나 못하실 이유가 없다. 우리는 하나님이 우리를 치유하실 수 있다는 능력에 대해서는 의심하지 않지만, 그분이 과연 우리를 치유하실까 하는 의도에 대해서는 의심하고 있다.

하나님의 진리의 말씀으로 우리를 자유롭게 해야 한다. 하나님은 우리를 통하여 그분의 말씀을 이루길 원하신다. 우리 마음이 질병이나 마귀에 묶이는 것이 아니라 하나님의 말씀에 묶여야 한다. 우리의 마음을 새롭게 하여 하나님이 행하시는 일을 훼방하지 말아야 한다.

이렇게 기도하라

지금까지 나눈 내용을 기억하면서 다음과 같이 기도해보라.

"주님, 여러 가지 잘못된 지식과 불신과 왜곡된 믿음으로 인하여 제가 진정으로 치유받기를 원하는 것이 아니라 '한번 해보고 안 되면 말지'라는 생각을 가졌음을 회개합니다. 주님만이 제 영혼육의 유일한 치유자이시며, 저를 온전케 하는 분이십니다."

"주님, 주님이 저를 치유하실 수 있는 능력을 가지신 분이란 사실은 의심하지 않았지만, 저를 치유해주실까 하는 주님의 의도에 대해서는 늘 의심하고 믿지 않았음을 회개합니다. 제 행위와 주님을 향한 제 헌신에 의해 하나님이 약속하신 죄 사함과 은혜를 누리는 것이 아니라, 오직 예수님이 저를 위해 행하신 일들을 믿음으로 그 약속이 제 안에서 이루어지는 것임을 다시 한 번 확인합니다."

"저 자신을 바라볼 때는 지금 이 시간 치유 받을 수 없지만, 예수님을 바라볼 때 지금 이 시간 치유함을 받을 수 있습니다. 이 진리를 깨닫게 해주신 것에 감사드립니다."

"주님, 제 주위에는 하나님의 역사를 믿지 않고, 하나님만을 의지하고자 하는 제 믿음과 행동에 대해 부정적으로 바라보는 가족과 친척과 친구들이 있습니다. 주님, 그들의 불신이 제게 영향을 미치지 못하게 하여주옵소서! 주님, 예수 그리스도 안에 있는 믿음을 통한 하나님의 역사로, 저를 살아 계신 하나님을 알리는 증거자로 세워주소서!"

chapter

10

올바른 진단이 중요하다

온전한 치유를 위해서는 정확한 진단이 필요하다

온전한 치유를 위해서는 질병의 원인에 대한 올바른 진단이 있어야 한다. 이것은 매우 기본적인 이야기지만, 치유사역에 있어서 자주 간과되는 사실이기도 하다. 지금까지 치유사역을 하면서 수많은 사람들을 위해 기도해왔다. 그런데 치유가 내 소망이나 기대와는 다르게 일어나는 경우가 많았다. 그럴 때마다 나는 항상 주님 앞으로 나아갔다.

"주님, 왜 그렇습니까?"

한 가지 흥미로운 것은 어떤 사람이 육신의 질병 때문에 기도를 받으러 왔는데, 그 사람을 위해 기도하면서 하나님께서 주시는 마음의 감동에 귀를 기울여보면 하나님께서 그 병의 원인이 육신의 문제가 아닌 다른 것 때문이라고 말씀하실 때가 종종 있다는 것이다. 그럴 때 그 부분에 대해 나누고 기도사역을 하면 대개 어김없이 치유를 받게 된다.

우리는 어떤 부분에 병이 있거나 문제가 있으면 예수님 앞에 나아와 주님의 말씀을 붙들고 믿음으로 기도한다.

"예수 그리스도의 이름으로 명하노니 ○○질병아, 사라질지어다! 떠나갈지어다!"

그러나 정말 믿음으로 기도했음에도 불구하고 질병이 치유되지 않는 것은 왜일까?

그 이유는 질병의 뿌리를 제거하지 않았기 때문이다. 즉, 원인이 제거되지 않는 한, 그 질병은 그대로이거나 설령 치유가 일어난다 하더라도 재발되곤 한다.

예를 들어, 암에 대해 생각해보자. 우리가 암이라는 진단을 받았을 때는 이미 문제가 암이라는 형태로 표면적으로 나타난 것이다. 그러나 그렇게 되기 전부터 이미 DNA 복구시스템이나 면역방어시스템이 정상적으로 작동하지 않았을 것이다. 원인이 무엇일까? 아마도 여러 요인들이 있겠지만, 그중 많은 경우가 잘못된 마음의 상태이다.

잘못된 마음의 상태는 스트레스를 주고, 부정적이고 즐겁지 못한 악한 감정은 독이 되어 온 몸에 영향을 미친다. 그 결과로 신경이 정상적으로 작동하지 못해 자율신경계의 불균형이 초래되고, 피가 탁

해지고 산성화되며, 세포가 정상적으로 작동하지 못하고, 면역방어 시스템이 무너지고, DNA 복구시스템이 파괴됨으로써 돌연변이가 발생하게 된 것이다. 이럴 경우 마음의 상태를 치유하지 않고 암 치유만을 위해서 기도한다고 치유가 일어날까?

우리의 영혼육은 서로 유기적으로 연관되어 있다. 육신의 질병이나 상처는 우리의 마음에 영향을 미치고, 반대로 마음의 질병은 육신에 영향을 미친다. 더욱이 그러한 악순환은 계속적으로 그 상태를 악화시킨다.

그렇다면 질병의 근본적인 원인이 될 수 있는 것들에는 어떤 것들이 있는지 생각해보자.

- ◆ 가족이나 가계로부터 내려온 것인가? 혹은 가족관계로부터 온 것인가?
- ◆ 사람들과의 관계로부터 온 것인가?
- ◆ 환경 때문에 온 것인가?
- ◆ 잘못된 식습관 때문에 온 것인가?
- ◆ 잘못된 삶의 태도, 스트레스로 인한 것인가?
- ◆ 육체적, 정신적 무리 때문에 온 것인가?
- ◆ 병원균의 침입이나 감염으로부터 온 것인가?
- ◆ 악한 영으로부터 온 것인가?

예수님의 치유사역을 생각해보라. 예수님은 맞춤형 치유사역을 행하셨다. 각 사람에 따라 그 질병과 문제의 근원을 아시고 그 뿌리를 제거하심으로 치유를 행하셨다. 어떤 때는 질병 그 자체를 위해서 기도하셨고, 어떤 때는 마음의 생각을 드러내셨으며, 또 어떤 때는 귀신을 쫓아내셨다.

현재 문제의 근원을 알아야 한다

당장 눈앞에 보이는 문제만 해결하려 하지 말고 그 문제의 발단, 뿌리, 원인이 무엇인지에 대해 생각해보고 기도해보아야 한다. 문제의 원인을 당신이 이미 알고 있을 수도 있지만, 알지 못할 때도 있다. 다음 차순에 따라 생각해보고 기도해보라.

첫째, 인과관계적으로 생각해보라.

둘째, 시간적인 관점에서 생각해보라.

셋째, 영혼·육의 유기적인 관점에서 생각해보라.

넷째, 영적인 관점에서 생각해보라.

예를 들어, 위가 아프다고 해보자. 우리가 생각해볼 수 있는 단계는 다음과 같다.

첫째, 무엇을 잘못 먹었는가?

둘째, 언제부터 이런 일이 발생했는가? 어릴 때도 이런 일이 있었는가? 자주 있었는가?

셋째, 과도한 스트레스를 받은 적이 있는가?

또 다른 예로, 육신의 문제가 아닌 몹시 불안하고 두려운 느낌이 든다고 해보자.

첫째, 불안한 것이 특정한 사건 때문이었는가?

둘째, 이런 일이 언제부터 일어났는가?

셋째, 혹시 육체적으로 고통 받은 적이 있는가?

만약 생각해봐도 잘 알지 못하겠거든 기도해보라. 먼저 성령님을 초청하고, 그분에게 당신을 맡기고, 그분이 어떤 말씀을 하시더라도 듣겠다는 마음을 가져라. 당신의 문제를 성령님께 내어드리고 그 문제의 뿌리, 발단, 근원, 이유를 알려주시고 생각나게 해달라고 기도하라. 그리고 무슨 말씀을 하시는지 들어보라. 어떤 생각이나 기억이 나면 성경의 말씀으로 분별해보라. 악한 영은 당신을 두렵게 하거나 유혹하거나 거짓말하거나 참소하지만, 하나님은 결코 당신을 그렇게 대하지 않으신다.

만약 질병의 근원을 알고 있거나 성령님이 알려주신다면, 그 부분부터 성경적으로 해결하라. 제일 먼저 해야 할 일은 회개와 용서이다. 그 다음 마음의 태도를 바꾸고, 의지적으로 잘못된 부분을 변화시켜야 한다. 그리고 최종적으로 예수 그리스도의 이름으로 당신의 문제를 해결하기 위해 기도해야 한다. 그런데 대부분 이런 과정을 거치지 않고 눈앞의 문제만을 해결하기 위해 기도한다.

간혹 '기도 받고 치유가 된 것 같았는데 얼마 지나지 않아 예전으로 돌아갔다'라거나 아니면 '기도 받고 치유 받는 것은 그때뿐인 것 같다'란 고백을 듣게 된다. 잡초를 뽑을 때 땅 위에 솟아난 부분만 제거하면 시간이 지나 다시 자라난다. 뿌리가 그대로 있기 때문이다. 이와 마찬가지로 지금 나타난 질병도 기도나 약으로 잠시 치유할 수는 있지만, 우리의 환경이나 마음의 태도, 생활습관, 식습관 등이 바뀌지 않으면 시간이 지나면서 다시 재발하게 되는 것이다.

영적인 원인을 고려하라

질병의 근원에 대해 가장 간과하기 쉽고 잘 알지 못하는 부분이 바로 영적인 원인에 대한 부분이다. 그러나 우리의 혼과 육의 많은 질병들은 악한 영들(evil spirits)과 귀신들(demons)과 관련되어 있다는 사실을 알아야 한다(이하 '악한 영'으로 통칭). 수많은 그리스도인들이 악한 영에 눌려 있는 것은 부인할 수 없는 사실이다.

예수 그리스도를 믿는 그리스도인들이 악한 영에 사로잡힐 수는 없다. 왜냐하면 우리 안에 하나님의 영이 계시기 때문이다. 그러나 정도의 차이는 있지만, 악한 영에 눌려 자신이 마음과 육신을 온전히 통제하지 못하는 경우는 종종 있다. 즉, 우리의 혼과 육이 악한 영에 눌려 원치 않는 생각이나 일들을 하게 되거나 더럽고 악한 감정에 사로잡히게 된다.

우리가 예수 그리스도 안에서 새 사람이 되었지만, 우리의 혼과 육이 죄를 짓거나 그것에 탐닉할 때 혹은 어두움 가운데 거할 때 악한 영이 그것을 발판으로 삼아 침입하여 우리의 혼과 육을 통치함으로 우리의 심신(心身)에 다양한 질병을 일으킬 수 있다. 성경에도 귀신 또는 악한 영에 괴롭힘을 당하는 장면이 종종 등장하고, 예수님이나 제자들이 축사(귀신을 쫓아냄)하는 장면들도 나온다. 지금도 그들은 우리의 틈을 노리고 있다.

근신하라 깨어라 너희 대적 마귀가 우는 사자같이 두루 다니며 삼킬 자를 찾나니 벧전 5:8

또한 외인에게서도 선한 증거를 얻은 자라야 할지니 비방과 마귀의 올무에 빠질까 염려하라 딤전 3:7

분을 내어도 죄를 짓지 말며 해가 지도록 분을 품지 말고 마귀에게 틈을 주지 말라 엡 4:26,27

그런즉 너희는 하나님께 복종할지어다 마귀를 대적하라 그리하면 너희를 피하리라 약 4:7

믿음으로 병을 위해 기도했음에도 불구하고 치유가 되지 않을 때는 영적인 문제를 생각해보아야 한다. 일반적으로 볼 때, 다음과 같은 현상이나 경험이 있다면 영적인 영역에 문제가 있을 가능성이 높다.

- ◆ 자신에 대한 통제력 상실
- ◆ 자신을 통제할 수 없어 느끼는 무력감과 절망감
- ◆ 마음의 상태가 영적인 것에 의해서 사로잡히는 것
- ◆ 악한 생각이나 행동을 하도록 내면에서 사주를 받는 것
- ◆ 과거에 이단에 연루된 적이 있을 때

보다 구체적으로는 다음과 같은 현상들이 나타날 때 귀신들림으로 생각할 수 있다. 특별히 여러 현상이 복합적으로 나타날 때는 더욱 그렇다. 그러나 반드시 이런 것들이 귀신들림에 의해서만 일어난다고 볼 수는 없기 때문에 세밀한 영적 분별이 필요하다.

- ◆ 섭식장애, 식욕부진, 거식증
- ◆ 중독, 극단적인 행동, 강박적 행동 패턴
- ◆ 쓴 뿌리와 용서하지 못함
- ◆ 속이는 인격과 행동
- ◆ 우울, 감정장애, 현실도피, 두려움과 공포, 죄책감과 자기정죄
- ◆ 대물림의 질병(유전적 질병), 계속되는 질병이나 장기 질병
- ◆ 이단적인 믿음, 거짓 종교에 연루됨, 사교에 연루됨

- ◆ 비합리적 행동, 성숙된 관계의 결여, 자기중심주의, 비사교적 행동
- ◆ 악몽, 환청, 통제되지 않는 방언, 율법주의와 영적 속박
- ◆ 변태 성욕, 폭력성과 잔인성, 자살충동
- ◆ 진단이 불가능한 징후들 등

의학적 관점에서는 이중 많은 경우를 질병으로 보아야 하며, 이것을 귀신들림의 징후로 보는 것은 온당치 못하다는 의견을 가질 수 있다. 물론 충분히 이해된다. 그러나 이러한 증상을 성경적으로 본다면 과학적 판단과 그 상황들의 영적인 근원 사이에서 갈등을 가질 필요가 없다. 대부분의 경우, 닭이 먼저냐 달걀이 먼저냐의 문제로 귀착되기 때문이다. 즉, 영적인 문제로 인해 그러한 일들이 발생한 것인지, 아니면 그러한 일들이 발생한 후에 영적인 문제가 발생한 것인지의 차이가 있을 뿐이다.

예를 들어, 어떤 사람이 영양소가 부족하여 질병이 생겼다. 우리는 그 사람의 신체를 검사하여 어떤 영양소가 결핍되었는지 알게 될 것이고, 그에 대한 적절한 처방과 음식조절을 통해 그 문제를 해결할 수 있을 것이다.

그러나 한 걸음만 더 나아가면 그 사람에게 영양소가 부족하게 된 이유가 무엇인지 의문을 가질 수 있다. 그것은 그 사람의 잘못된 믿음으로 인한 왜곡된 식습관일 수도 있고, 부정적인 감정으로 인한 그 영양소의 과다한 소실 혹은 적절한 양이 생산되지 않았기 때문일

수도 있다. 이런 부분은 과학적인 수단으로 측정할 수 없는 영적 문제에 속한다.

영적인 문제, 특히 귀신에 대해 지나치게 관심을 갖는 것도 문제지만, 반대로 전혀 관심을 갖지 않고 도외시하는 것도 큰 문제이다.

안타까운 사실은, 악한 영에 지나친 관심을 보여 모든 것을 귀신의 일로 여기는 사람들이 있는 반면에, 악한 영이나 귀신의 역사에 대해서 너무 무지하거나 지나칠 정도로 무관심한 사람들도 있다는 것이다. 둘 중 어느 것도 온전하지 않다.

성경에는 귀신들과 악한 영들이 다음과 같이 나타나고 있다. 질병 귀신(눅 13:11), 벙어리 귀신(막 9:25), 귀먹은 귀신(막 9:25), 번뇌케 하는 귀신(삼상 16:14), 더러운 영(계 18:2), 더러운 귀신(마 10:1), 점치는 귀신(행 16:16), 종의 영(롬 8:15), 미혹의 영(요일 4:6), 세상의 영(고전 2:12), 미혹하는 영(딤전 4:1), 거짓말하는 영(대하 18:21), 접신(신 18:11), 적그리스도의 영(요일 4:3), 두려움의 영(딤후 1:7), 사특한 귀신(사 19:14), 다른 영(고후 11:4) 등이다.

예수 그리스도의 십자가 죽으심과 부활하심에 연합함으로써 그리스도의 성품을 나타내는 삶이 중심이 되지 않고, 단지 기사와 표적과 능력만을 추구하거나 강조하거나 그런 기준으로 모든 것을 판단하는 것은 올바른 기독교 신앙이 아니다. 그러나 하나님의 권세와 능력이 나타나지 않는 것도 올바른 신앙이라고 할 수 없다.

즉, 예수 그리스도의 이름으로 귀신을 좇아내고 질병을 치유해야 하지만 그것이 신앙의 전부가 되어서는 안 된다는 말이다. 모든 문제를 악한 영과 귀신의 역사로 몰아간다면 그것은 신비주의에 빠진 것이 된다. 또한 그러한 사역자를 신성시하거나 그 사역자 자신이 높임 받고자 한다면, 그것 역시 기독교의 가르침에 벗어난 것이다.

영적인 신비와 일상의 신앙이 균형을 이뤄야 한다. 말씀과 성령 중 한쪽만 지나치게 강조하거나, 영혼을 귀하게 여기지만 육체는 하찮게 여기는 것이나, 세상을 도외시한 교회 중심의 신앙생활이나 교회를 도외시한 채 세상만 강조하는 것, 어느 것도 옳지 않다. 모든 것이 하나님의 것이며, 예수 그리스도 안에서 모든 것이 통합되도록 해야 한다.

정신이상과 귀신들림의 차이를 이해하라

정신의학에서는 치유를 의학에서 규정하는 정상적인 범주 안으로 회복시키는 것으로 보는 반면, 기독교에서는 하나님과의 바른 관계를 갖는 것으로 본다. 이런 의미에서 치유는 구원의 의미와 동일하다. 만약, 기독교에서도 치유를 단지 정상으로 회복시키는 것으로만 본다면 신유사역의 의미가 없을 것이다.

이 둘은 근본적으로 인간의 정체성을 보는 관점에서도 다르다. 정신의학에 있어서 인간의 본질은 타락 후의 인간에 대한 것이다. 그러나 기독교에 있어서 인간의 본질은 타락 전 인간에 대한 것이다. 따라서 기독교에서 말하는 치유란, 타락 전 인간의 본질에 초점을 맞추고 하나님과 그런 관계를 가질 수 있도록 회복시키는 것이다.

또한 정신의학에서는 대증적 접근법으로 문제에 다가선다. 일단 드러난 질병에 초점을 두고 접근하는 것이다. 그러나 기독교에서는 죄의 관점에서 문제에 접근한다. 다른 말로 하자면, 영적인 관점에서 혼과 육을 보는 것이다.

따라서 동일한 현상에 대해서도 설명하는 바가 다를 수 있다. 예를 들어, 몸이 뒤로 심하게 젖혀지는 행동을 할 때, 기독교적인 관점에서는 귀신의 영향일 경우가 높다고 보는 반면, 정신의학에서는 단지 신체적 현상으로만 보는 것이다.

또한 정신의학적 관점에서 정신병과 귀신들림을 볼 때, 귀신들림은 소위 말하는 귀신에 완전히 사로잡힌(possessed) 상태만 가지고 규정한다. 그러나 기독교적 관점에서는 그 정도가 아니라도 귀신에 의해 고통받거나 통제 받는(oppressed) 경우도 얼마든지 있을 수 있다고 본다. 이런 경우 정신의학에서는 그 현상을 의학적으로 얼마든지 설명할 수 있고 규정할 수 있기 때문에 귀신들림의 범주에 넣지 않을 것이다.

한편 정신병과 신경증도 분별해야 할 필요가 있다. 이 둘은 어떻게 분별해야 하는가? 병식(병을 스스로 정확하게 인식하는 것)과 현실 검증력을 가지고 있다면 신경증일 것이고, 그렇지 않다면 정신병일 것이다. 신경증의 경우는 대부분 상담을 통해서 치유하는 반면 정신병은 약물로 치료하는 것이 일반적이다.

그렇다면 정신이상과 귀신들림은 구체적으로 어떻게 분별할 수 있는가?

정신질환의 경우 대개 다음과 같은 현상을 보인다.

◆ 지각 영역에서의 이상 : 환청, 환시
◆ 사고 영역에서의 이상 : 감시망상, 관계망상, 신체망상, 과대망상, 환청, 환시
◆ 말하기 영역에서의 이상 : 상관성 결여, 일관성 결여
◆ 행동 영역에서의 이상 : 환청에 의한 대화, 이유 없는 이상한 행동을 계속함

같은 현상을 보이더라도 정신질환이 아닌 귀신들린 경우에는 약물에 반응하지 않을 것이다. 특별히 귀신들린 경우에는 초능력을 나타내거나, 영적으로 알아보거나, 예수님과 보혈에 대한 적대감을 표하거나, 다른 인격을 나타낸다. 많은 경우 귀신들림은 정신질환의 증상을 나타내고, 정신질환은 귀신들림의 현상을 보이기 때문에 정확한 진단이 필요하다.

축사사역만이 능사인가?

종종 뉴스나 기사에서 축사사역으로 인한 여러 가지 문제를 과장해서 비난하는 것을 볼 수 있다.

"기독교인들이 전문의의 도움을 받지 않고, 기도원, 안수집회, 신유집회, 소위 '능력자' 등을 찾아가고 있습니다."

그 이면에는 질병을 전문가에게 맡기지 않고 돌팔이에게 맡겨 이상한 짓을 하게 했다는 것과 광신도가 올바른 치유 방법을 택하지 않았다는 내용을 포함한다. 물론, 상당수의 경우 그 믿음이나 치유법에 잘못된 경우가 많다. 하지만 우리가 생각해야 할 것은 모두가 병원에서 치유받을 수 있다면 왜 그들이 치유집회나 은사자들을 찾겠는가 하는 부분이다.

결론적으로, 질병을 치유하기 위해서는 영혼육 전부를 균형 있게 보아야 한다. 죄와 질병과 귀신의 관계를 동시에 볼 줄 알아야 한다는 말이다. 모든 것을 귀신 탓으로 돌릴 것인가? 예수님도 그렇게 하지 않으셨다. 그러나 어떤 질병이라도 그에 대해 온전하고 균형 있는 사고체계를 갖지 못하는 경우, 마귀에게 합법적인 권리를 허용할 수 있다.

한편으로 생각해보아야 할 것은, 기도에 대한 맹신이다. 하나님은 우리에게 온전한 삶을 가르치셨다. 그러나 온전한 삶을 살기보다는 자기가 원하는 대로 살면서 기도만으로 문제를 해결하려는 마음의 태도가 문제이다.

궁극적으로 귀신을 쫓아내는 것이 중요한 것이 아니라 여러 가지 이유로 파괴되고 상한 정신, 감정, 의지를 온전하게 회복시킴으로 환자가 하나님 앞에 온전한 삶을 살 수 있도록 하는 것이 필요하다. 정신의학도 축사사역도 모두 하나님이 주신 은혜이다. 이 두 가지는 서로 보완적인 것이지 배타적인 것이 아니다.

가장 좋은 치유사역은 신유사역자와 의사가 동역하는 것이다. 하나님이 주신 서로 다른 은사를 활용하여 서로 다른 각도에서 보며 하나님의 섭리를 더 알아가는 것이다. 이 때문에 HTM에서는 정신과 의사와 늘 동역하고 있다.

chapter

11

악한 영적 존재를 대적하라

악한 영적 존재를 인정하라

많은 그리스도인들이 악한 영의 존재와 공격에 대해 잘못된 믿음을 가지고 있다. 우리는 예수님을 믿기 때문에 악한 영이 괴롭힐 수 없으며, 교회는 거룩한 곳이기 때문에 악한 영이나 귀신이 있을 수 없다고 믿는다.

그렇기 때문에 그리스도인들에게 일어나는 일들은 악한 영이나 귀신의 짓이 아니라 정신적인 문제라고만 여기지만, 사실은 그렇지 않다.

마침 그들의 회당에 더러운 귀신 들린 사람이 있어 소리 질러 이르되 나사렛 예수여 우리가 당신과 무슨 상관이 있나이까 우리를 멸하러

2부 하나님의 치유, 그 실제와 체험   197

왔나이까 나는 당신이 누구인 줄 아노니 하나님의 거룩한 자니이다 예수께서 꾸짖어 이르시되 잠잠하고 그 사람에게서 나오라 하시니 더러운 귀신이 그 사람에게 경련을 일으키고 큰 소리를 지르며 나오는지라 다 놀라 서로 물어 이르되 이는 어찜이냐 권위 있는 새 교훈이로다 더러운 귀신들에게 명한즉 순종하는도다 하더라 막 1:23-27

그리스도인으로서 우리의 삶을 되돌아보자. 과거에 우리는 하나님을 인정하지 않고 우리 자신이 주인이 되어 내 방식대로 살아온 삶이 잘못되었다는 사실을 알고, 더 이상 그런 삶을 살지 않겠다고 온 마음으로 회개하였다.

그리고 예수 그리스도만이 하나님의 아들이시며 주님이신 것과 그분이 행하신 대속사건을 믿고 예수 그리스도의 죽으심과 부활하심에 연합했다. 그 결과 우리는 구원을 얻었고, 우리 심령 안에는 그리스도의 영이 함께하신다. 즉, 우리는 영적으로 새롭게 태어남으로 본질이 변화되었다.

따라서 우리의 영(靈)에는 성령님 외에 어떤 악한 영이나 귀신이 영향을 미칠 수 없다. 그러나 우리 육체, 즉 혼과 육에는 죄와 상처로 인하여 악한 영이나 귀신이 얼마든지 영향을 미칠 수 있다.

악한 영이 우리가 예수 그리스도를 믿기 전에 이미 들어와 있었거나 아니면 우리가 그리스도인이 되고 나서도 육체에 기초한 사고체계로 계속 살아갈 때, 즉 육체의 일을 계속 행할 때 악한 영이 합법적으로 우리 육체에 거하며 괴롭힐 수 있다.

귀신은 우리가 초청하지 않더라도 죄와 불법을 통하여 얼마든지 우리의 혼과 육에 침입할 수 있다. 악한 영들은 우리의 육신뿐만 아니라 우리의 마음까지도 빼앗아 결국은 우리를 도둑질하고 죽이고자 한다.

그러나 너희 마음속에 독한 시기와 다툼이 있으면 자랑하지 말라 진리를 거슬러 거짓말하지 말라 이러한 지혜는 위로부터 내려온 것이 아니요 땅 위의 것이요 정욕의 것이요 귀신의 것이니 시기와 다툼이 있는 곳에는 혼란과 모든 악한 일이 있음이라 약 3:14-16

따라서 우리는 항상 영적으로 깨어 있어야 한다. 육적인 삶이 아니라 성령충만한 삶을 살아야 한다. 이런 삶은 우리 스스로가 자신을 지키기 위해 안달복달하는 삶이 아니라 내 삶의 주인이 예수 그리스도가 되어 그리스도의 삶을 살고자 할 때 자연스럽게 나타나는 것이다.

뱀이 그 간계로 하와를 미혹한 것같이 너희 마음이 그리스도를 향하는 진실함과 깨끗함에서 떠나 부패할까 두려워하노라 고후 11:3

항상 기뻐하라 쉬지 말고 기도하라 범사에 감사하라 이것이 그리스도 예수 안에서 너희를 향하신 하나님의 뜻이니라 성령을 소멸하지 말며 예언을 멸시하지 말고 범사에 헤아려 좋은 것을 취하고 악은 어떤 모양이라도 버리라 평강의 하나님이 친히 너희를 온전히 거룩하게 하시고 또 너희의 온 영과 혼과 몸이 우리 주 예수 그리스도께서 강림하실 때에 흠 없게 보전되기를 원하노라 살전 5:16-23

악한 영적 에너지를 알아야 한다

악한 영은 우리로 하여금 진리를 알지 못하게 하고, 하나님의 영의 인도함을 받지 못하게 하며, 옛 자아를 따라 살게 하기 위해 두려움을 주거나 유혹하거나 거짓말하거나 참소한다. 그 결과 우리의 혼과 육에 다양한 정도로 악한 영향을 미치며, 우리로 하여금 그 악한 성품과 능력을 나타내도록 한다. 그러한 것들은 부모와 세상으로부터 물려받은 성품과 묶임, 상처와 쓴 뿌리, 잘못된 사고체계 등으로 나타난다.

육체의 일은 분명하니 곧 음행과 더러운 것과 호색과 우상 숭배와 주술과 원수 맺는 것과 분쟁과 시기와 분냄과 당 짓는 것과 분열함과 이단과 투기와 술 취함과 방탕함과 또 그와 같은 것들이라 전에 너희에게 경계한 것같이 경계하노니 이런 일을 하는 자들은 하나님의 나라를 유업으로 받지 못할 것이요 갈 5:19-21

우리가 이렇게 살 때 죄는 우리 안에 거하게 되고, 마귀는 죄를 통하여 우리를 다시 지배한다.

만일 내가 원하지 아니하는 그것을 하면 이를 행하는 자는 내가 아니요 내 속에 '거하는' 죄니라 … 내 지체 속에서 한 다른 법이 내 마음의 법과 싸워 내 지체 속에 있는 죄의 법으로 나를 사로잡는 것을 보는도다 롬 7:20,23

여기서 '거한다'라는 단어의 뜻은 수동적으로 그 안에 머무는 것이 아니라 사람의 존재 안에서 활동하는 것을 의미한다. 즉, 죄가 사람의 존재 안에서 활동한다는 뜻으로, 사람이 죄라는 인격에 의해 조종당하게 되는 것이다.

또한 우리 육신에 '죄의 법'이 있기 때문에 우리가 늘 성령과 말씀 안에 깨어 있지 않으면 악한 영의 공격을 받을 수밖에 없고 죄를 지으며 육적인 삶을 살게 된다.

죄는 에너지를 가지고 있다

신약성경에 영어로 '능력(power)'이라고 표현된 말을 헬라어 원어로 보면 세 가지 용어로 사용되었다. 권세를 뜻하는 '엑수시아', 능력을 뜻하는 '듀나미스', 활동하는 에너지를 뜻하는 '에네르게스'이다. 로마서 7장에 보면 이런 말씀이 있다.

> 우리가 육신에 있을 때에는 율법으로 말미암는 죄의 정욕이 우리 지체 중에 '역사하여' 우리로 사망을 위하여 열매를 맺게 하였더니
>
> 롬 7:5

여기서 활동한다는 뜻인 '역사하여'란 단어의 어원은 '에네르게스' 또는 '에네르게이아'이다. 이는 '활동적이고 무엇을 이루어가는 어떤 힘, 에너지'란 뜻이다.

사랑의 에너지가 있는 것처럼, 죄의 에너지도 있다는 것을 알아야 한다. 사랑은 빛의 에너지이고 생명을 살리는 에너지인 반면에 죄는 어두움의 에너지이고 죽음의 에너지이다.

우리에게 어떤 영적 에너지가 역사하면 거부할 수 없이 어떤 방향으로 몰고 가는 것을 느끼게 된다. 예를 들어, 욕정이나 미움이나 분노나 심한 거절감이 생길 때를 생각해보라. 그것이 단지 감정적인 것이라고 볼 수 있는가? 마치 거대한 파도가 나를 밀고 나가는 것처럼 걷잡을 수 없는 어떤 힘이 나를 밀어붙이는 것을 느끼게 된다.

죄를 지으면, 죄의 에너지가 생긴다. 그리고 그곳에 악한 영이 자리 잡기 시작한다. 따라서 우리가 그곳에서 벗어나기 위해서는 우리 자신의 노력이나 성령의 도움 없이 말씀만으로는 불가능하다는 것을 알아야 한다.

예를 들어, 당신에게 분노, 우울 또는 미움의 감정이 있다고 가정해보자. 이럴 경우 당신이 아무리 성경 말씀을 읽고 암송하고 적용하면서 그렇게 살지 않으려고 애를 써도 당신의 뜻대로 되지 않는 것을 경험했을 것이다.

또 많은 경우 이런 문제들을 다른 것으로 덮으려고 애쓴다. 예를 들어, 나쁜 감정을 품으면 당신의 인격이나 다른 사람과의 관계에 해를 미치기 때문에 참거나 눌러둔다. 또는 다른 감정으로 돌리거나 다른 행동에 집중함으로써 잊으려 하기도 한다. 그러나 그것은 결코 그 문제의 근원을 제거한 것이 아니다. 다음에 다른 계기를 통하여 나타날 때까지 잠복해 있을 뿐이다.

그 이유는 그 악한 생각이나 감정 뒤에 죄의 에너지가 있기 때문이다. 그 감정으로부터 해방되기 위해서는 그것을 붙들고 있는 죄의 에너지를 제거해야 한다. 죄의 에너지는 영적 에너지로, 악한 영적 에너지가 있는 곳에는 악한 영이 합법적으로 둥지를 틀게 된다. 그것은 우리의 육적 노력으로는 제거할 수 없으며, 보다 더 큰 영적 에너지로만 제거할 수 있다.

악한 영적 영향력의 근원을 알자

그렇다면 그런 악한 영적 영향력은 어디서부터 비롯되었는가? 몇 가지 경우를 살펴보자.

첫째, 당신의 부모로부터 온 것이 많다.

각종 중독증, 육신의 질병과 문제들, 정신적이고 심리적인 문제들 중에 당신의 부모와 조부모 때부터 내려오는 것들이 있는지 생각해 보라.

둘째, 다른 사람에 의한 영혼의 묶임 때문이다.

비정상적이고, 비도덕적이고, 불건전한 관계를 말한다. 통제하고, 조종하고, 지배하고, 타락을 조장하고, 탐욕과 음욕을 조성하는 관계를 생각해보라.

셋째, '쓴 뿌리 판단과 기대' 라는 견고한 진 때문이다.

잘못된 경험과 믿음으로 인하여 부정적이고 비판적으로 판단하고, 그 일이 일어나도록 기대하는 마음을 말한다. 예를 들어, 부부 관계에서 상대방을 판단하고 비난하는 것들을 생각해보라. 자신은 상대방이 그렇게 행동하고 상황을 그렇게 만들었다고 믿지만, 사실은 자신의 믿음에 의해 상대방이 그렇게 행동하도록 상황을 만든 것이다.

넷째, 당신의 상처로 인한 내적 맹세와 편견 때문이다.

당신이 당한 상처로 인하여 "나는 절대로, 결코, 죽어도 이렇게 할 거야 혹은 하지 않을 거야" 같은 부정적인 맹세를 생각해보라.

다섯째, 부정적인 경험으로 인한 충격적 영상 때문이다.

과거에 당신이 경험한 충격적인 장면이나 꿈, 어떤 일이 연상되면 떠오르는 심상을 생각해보라. 예를 들어, 충격적인 사고, 부모가 싸우는 장면, 음행한 장면, 나쁜 짓을 한 장면 등이다.

여섯째, 당신 안에 있는 악한 영 때문이다.

우리가 예수 그리스도를 믿기 전에 이미 우리의 혼과 육을 조종하던 악한 영들 때문이다. 이들은 우리가 예수님을 믿었음에도 불구하고 우리가 불법을 생각하고 행하는 그곳에 자리를 잡고 있다.

악한 영적 존재를 쫓아내자

첫째, 악한 영의 존재를 인정하라.

우리는 악한 영이나 귀신을 두려워할 필요가 없다. 왜냐하면 우리 안에는 성령님이 계시고 또 주님의 말씀으로 자유케 될 수 있기 때문이다. 악한 영이나 귀신을 두려워하거나 혹은 그들이 없다고 믿기 때문에 그들에게 묶이게 된다.

그렇다고 자신에게 문제가 있을 때마다 악한 영이나 귀신 때문에 그렇다고 생각하는 것은 어리석은 일이다. 자신 안에 악한 영이나 귀신이 있다고 생각되면 그들의 존재를 인정하고, 그 능력을 부인하고, 자유로워지기를 소망하라. 왜냐하면 그들은 자신의 정체가 드러나는 것을 가장 싫어하기 때문이다. 그들은 은밀하게 사람을 도둑질하고 죽이는 것을 좋아한다.

둘째, 진리의 말씀에 비추어 회개하고 용서하라.

자신에게 잘못된 마음이 있는지 하나님께 구해보라. 하나님의 말씀에 어긋난 생각이나 감정 그리고 행동이 있었다면 회개하라. 그리고 가장 중요한 것은 마귀의 능력이 우리에게 미치지 못하도록 나 자신과 다른 사람을 용서하는 것이다. 용서는 이 세상에서 가장 강력한 무기이다.

우리가 자신을 정죄하거나 다른 사람을 미워하고 증오하고 용서하지 않으면 마귀에게 합법적인 권세를 주게 된다. 반대로 우리가 회개하고 용서하면 죄 사함을 받게 되고, 그렇게 되면 마귀가 우리 안에 거할 법적 근거가 사라지게 된다. 이 때문에 마귀는 용서를 가장 싫어한다.

셋째, 귀신들이 싫어하는 일들을 해야 한다.

뜨겁게 찬송하라. 강력하게 찬송하면서 보혈의 능력, 십자가의 능력, 예수 그리스도의 이름, 하나님의 영광을 선포하라. 그리고 통성으로 혹은 온 몸으로 자신 안에 있는 것들을 드러내야 한다. 손바닥을 치며, 소리를 지르며, 악한 영의 통제에서 벗어나야 한다. 많은 이들이 입을 열지 않고 머리의 생각만으로 기도하곤 한다. 그러나 자신의 의지로 자신의 마음과 더불어 육신을 하나님께 드리는 일이 필요하다.

넷째, 성령님을 초청하라. 본인의 의지를 내려놓고 성령님께 자신을 드려라.

마귀가 가장 싫어하는 것이 예수 그리스도의 보혈과 성령의 임재이다. 성령의 권능이 임할 때 당신도 알지 못하는 때에 당신 안에 자리를 차지하고 있던 쓰레기더미에 빛이 임하는 것이다. 그러면 그 안에 있던 빛을 싫어하는 쥐들이 나가지 않으려고 발버둥을 치는 일이 일어난다. 그럴 때 우리는 성령이 아닌 악한 영에 의한 여러 가지 현상들을 보게 된다.

성령님의 임재가 있도록 하라. 깊은 숨을 천천히 쉬면서 마음의 생각을 내려놓고, 당신의 혼과 육체를 성령님이 사로잡도록 내어드려라. 성령님을 초청하고 성령님께 집중하라. 그리고 당신의 영혼육이 그분의 인도함을 받는 것을 믿어라. 생명의 성령의 법만이 우리를 죄와 사망의 법에서 해방시킬 수 있다.

이는 그리스도 예수 안에 있는 생명의 성령의 법이 죄와 사망의 법에서 너를 해방하였음이라 롬 8:2

다섯째, 성령 안에서 말씀으로 자신의 악한 감정과 생각의 에너지를 제거하라.

당신의 생각과 감정에 기초하는 것이 아니라 진리의 말씀에 기초하여 생각하고 말하라. 자신의 내면을 괴롭히는 더럽고 악한 영의 거짓과 속임에 대해서 저항해야 한다.

우리의 싸우는 무기는 육신에 속한 것이 아니요 오직 어떤 견고한 진도 무너뜨리는 하나님의 능력이라 모든 이론을 무너뜨리며 하나님 아는 것을 대적하여 높아진 것을 다 무너뜨리고 모든 생각을 사로잡아 그리스도에게 복종하게 하니 고후 10:4,5

너희가 육신대로 살면 반드시 죽을 것이로되 영으로써 몸의 행실을 죽이면 살리니 롬 8:13

많은 경우 이 사실을 제대로 알지 못한 채 문제가 생길 때 성경 말씀을 읽고 묵상하고 암송하고 그 말씀대로 살려고만 노력한다. 그러나 성령의 도우심이 없다면 이것은 육적이고 혼적인 노력일 뿐이다. 문제의 근원이 영적인 데 있음을 알아야 한다.

우리의 육적이고 혼적인 삶에는 죄의 법이 거하고, 죄가 활동하고 있다. 그곳에는 악하고 어두운 에너지가 있다는 사실을 기억하라. 하나님의 영이 임하실 때 성령에 의해 그 더러운 에너지는 사라지게 된다. 하나님의 생명의 에너지가 임할 때 말씀이 영과 생명이 되고, 그것에 하나님의 권능이 임하는 것이다.

따라서 모든 일을 성령 안에서 말씀에 따라 행해야 한다. 그럴 때 죄의 법이 사라지고 악한 에너지가 제거된다. 만약 그렇지 않으면 치유되지 않거나 설령 치유된 것처럼 보여도 곧 원래대로 돌아가게 된다.

이를 위하여 나도 내 속에서 능력으로 역사하시는 이의 역사를 따라

힘을 다하여 수고하노라 골 1:29

여섯째, 예수 그리스도의 이름으로 귀신을 내어 쫓아라.

귀신을 내어 쫓기 전에 예수 그리스도 안에 있는 자신의 정체성을 알고 기도해야 한다. 그리고 기도할 때 반드시 성령에 힘입어 예수 그리스도의 이름으로 귀신을 쫓아내야 한다.

그럴 때 말씀 안에 있는 그리스도의 권세와 능력이 나타나게 된다. 그렇지 않으면 낭패를 당할 수도 있고 이상한 일들이 벌어질 수도 있다.

귀신을 쫓아내는 것은 특별한 사람만 할 수 있는 일이 아니다. 우리는 모두 예수 그리스도 안에서 더러운 악한 영과 귀신을 쫓아낼 수 있다.

예수께서 열두 제자를 불러 모으사 모든 귀신을 제어하며 병을 고치는 능력과 권위를 주시고 하나님의 나라를 전파하며 앓는 자를 고치게 하려고 내보내시며 눅 9:1,2

믿는 자들에게는 이런 표적이 따르리니 곧 그들이 내 이름으로 귀신을 쫓아내며 새 방언을 말하며 막 16:17

일곱째, 기도한 다음에는 당신이 자유롭게 되었음을 믿어라.

계속적으로 자유케 되는 말씀을 묵상하고 선포하라! 예수 그리스도의 이름으로 선포하고 귀신을 내쫓는 것까지는 대부분 잘하지만, 그보다 훨씬 중요한 것은 자신이 선포한 그 말씀이 이루어진 것을 정말로 믿는가 하는 것이다.

우리는 하나님의 말씀을 믿고 기도했지만, 그 말씀의 효과를 판단하는 데 자신의 상황이나 상태나 느낌에 의존한다. 기도하고 난 다음에 특별한 느낌이나 상황의 변화가 없으면 자신이 선포한 말씀이 이루어지지 않았다고 생각하는 것이다.

그것은 하나님의 능력이 어떻게 풀어지는지를 알지 못하는 무지와 자신의 문제만을 해결하고자 하는 어리석음을 나타내는 것일 뿐이다.

아래 말씀을 다시 보라. 우리는 기도하고 구하기만 하면 받을 것으로 착각하고 있다. 그러나 말씀은 기도한 뒤에도 현실의 상태나 느낌에 상관없이 "받은 줄로 믿으라 그리하면" 이루어진다고 말하고 있다.

그러므로 내가 너희에게 말하노니 무엇이든지 기도하고 구하는 것은 받은 줄로 믿으라 그리하면 너희에게 그대로 되리라 막 11:24

악한 영적 존재가 드러날 때의 증상들

말씀을 보면 악한 영과 귀신이 쫓겨 나갈 때 나타나는 증상과 현상들이 있음을 알 수 있다.

더러운 귀신이 그 사람에게 경련을 일으키고 큰 소리를 지르며 나오는지라 막 1:26

귀신이 소리 지르며 아이로 심히 경련을 일으키게 하고 나가니 그 아이가 죽은 것같이 되어 많은 사람이 말하기를 죽었다 하나 예수께서 그 손을 잡아 일으키시니 이에 일어서니라 막 9:26,27

많은 사람에게 붙었던 더러운 귀신들이 크게 소리를 지르며 나가고 또 많은 중풍병자와 못 걷는 사람이 나으니 행 8:7

하나님의 영광 안에서 주의 말씀이 선포될 때 악한 영과 귀신은 떠나갈 수밖에 없다. 그럴 때 본인의 의지와는 관계없는 말, 행동, 표정, 현상들이 나타난다.

숨어 있던 악한 영들이 더 이상 버티지 못하고 우리의 감정과 육체로부터 떠나면서 나타나는 현상들이다. 주요 현상들을 정리해보면 다음과 같다.

- ◆ 몸이 뒤틀림
- ◆ 호흡이 빨라지거나 가빠짐
- ◆ 슬픔이 솟구치거나 울음이 터짐
- ◆ 큰소리가 나오거나 욕을 하거나 악한 말을 함
- ◆ 가슴의 통증, 위장이나 아랫배 부근에 어떤 뭉치가 움직임
- ◆ 가슴이 답답해지고 기침이 나옴
- ◆ 하품이나 트림이 나옴
- ◆ 가래를 뱉거나 심한 구토 증상이 나타남
- ◆ 몸 안에서 무엇인가가 빠져나가고자 하는 느낌

영적 세계를 제대로 알지 못하는 사람들은 성령의 강력한 임재 안에서 이런 현상이 나타날 때 두려워하거나 심지어 마귀의 역사로 보기도 한다.

이런 현상은 하나님의 영광이 임하고 주님의 말씀이 역사할 때 어둠 속에 숨어 있던 더럽고 악한 영적 존재가 드러나는 것이지, 결코 마귀의 역사가 아님을 알아야 한다. 오히려 이런 현상을 볼 때 우리가 얼마나 묶여 있었는지, 그리고 하나님의 영광 안에서 누리는 자유함이 무엇인지를 알아야 한다.

내적인 상처들이 많을수록 축사할 때 악한 영이나 귀신이 심하게 발악을 한다. 따라서 내면의 상처가 치유되고 육적인 자아를 포기하면 그들은 힘을 잃고 떠나간다.

그렇기 때문에 성령과 말씀에 사로잡히는 것이 얼마나 중요한지 모른다. 말씀과 성령으로 그리스도께서 자신을 통치하시는 만큼 악한 영은 떠나가기 마련이다.

축사사역이 단 한 번으로 이루어지지 않는 경우도 많다. 가능하면 혼자서 축사사역을 하지 말고 마음을 나눌 수 있는 몇 사람이 함께 모여서 하든지 아니면 훈련된 사역자의 도움을 받는 것이 좋다.

내가 이렇게 기도한다고 치유될까?

믿음은 마음의 작용이다

마음의 요소는 단지 생각뿐만 아니라 감정과 의지까지도 포함하고 있다. 따라서 생각, 감정, 의지는 모두 믿음에 영향력을 미친다. 예를 들어, 생각, 감정, 의지는 우리가 말씀을 믿음으로 하나님의 보좌 앞으로 나아갈 때도, 내 심령에 계신 성령께서 나에게 말씀하시는 것을 받아들일 때도 결정적인 영향력을 미친다.

새 언약 아래서 믿음은 사실(나타난 현상)에 기초한 마음을 말씀(진리)에 기초한 마음으로 돌리는 것이다. 믿음은 아직 이루어지지 않은 현실에서 언젠가 이루어질 결과를 소망하거나 바라보는 것이 아니라, 이미 이루어진 결과가 이 땅에 나타나는 것을 바라보는 것이다. 믿음은 이 땅에서 하늘을 바라보며 구하는 데 필요한 것이 아니라, 이미 하나님나라에서 이루어진 것이 이 땅에 나타나도록 하는 데 필요한 것이다.

이 땅에서 이루어지는 말씀의 역사는 우리 마음의 믿음에 달려 있다. 따라서 우리 마음을 어떻게 유지시키는가, 또는 어떤 마음의 상태를 가지느냐가 매우 중요하다. 다른 말로, 눈에 보이지 않는 마음의 미묘한 상태가 눈에 보이는 현실에 결정적인 영향을 미친다는 것이다. 이것을 잘 이해해야 한다.

처음 출발할 때 각도가 1도만 틀어져도 멀리갈수록 엄청난 차이가 나게 된다. 이처럼 마음의 생각과 감정과 의지의 일부분에 약간의 생각(의심, 불신앙)과 감정(염려, 걱정, 근심, 두려움, 불안)과 의지(게으름, 행동하지 않음, 안주하고자 함)의 부정적인 경향이 있을지라도 그것이 하나님의 역사에 큰 영향을 미친다는 것이다. 다른 말로 우리 마음의 미묘한 차이에 따라, 현실에 나타나는 결과가 엄청나게 달라진다는 것이다.

이런 측면에서 우리가 기도할 때 흔히 갖는 마음의 부정적인 생각, 즉 "내가 이렇게 기도한다고 치유될까?"에 대해서 하나님나라의 사고방식으로 살펴보자.

"내가"

우리가 "내가"라고 생각하고 말하는 순간, 천지를 창조하신 하나님의 능력이 한 인간의 능력으로 제한되어버린다. 우리가 믿음 안에서 주님의 말씀을 선포할 때, 그 일을 행하시는 분은 하나님이시지 우리 자신이 아니다. 우리의 믿음이 아니라 하나님의 믿음이 되어야 하며, 우리가 하나님께 부탁하는 것이 아니라 (우리 안에 하나님의 생명이 함께한다면) 하나님께서 하나님의 일을 행하시는 것이 되어야 한다. 우리가 능력을 받아서 행하는 것이 아니라 우리는 그저 하나님 영광의 통로일 뿐이다.

따라서 기도는 '우리의 일'이 아니라 '하나님의 일'이 되어야 하며, 우리가 기도하는 제목이 무엇일지라도 기도할 때의 우리 마음속 주체는 '내'가 아니라 '하나님'이 되셔야 한다.

내가 아버지 안에 거하고 아버지는 내 안에 계신 것을 네가 믿지 아니하느냐 내가 너희에게 이르는 말은 스스로 하는 것이 아니라 아버지께서 내 안에 계셔서 그의 일을 하시는 것이라 요 14:10

그렇다면 우리는 왜 무엇인가를 할 때마다 "내가"라고 생각할 수밖에 없는가?

우리의 육신이 영의 인도함을 받지 못하면 우리는 여전히 자아의 통제를 받을 수밖에 없다. 그렇기에 우리가 예수 그리스도로 말미암아 죄 사함을 받고 그리스도의 영이 우리 안에 계시다면, 우리가 '하나님의 의'임을 늘 묵상해야 한다. 우리가 '하나님의 의'라는 사실을 깊이 깨달아 알 때, 나는 죽고 하나님만이 나의 전부가 되신다.

> 하나님이 죄를 알지도 못하신 이를 우리를 대신하여 죄를 삼으신 것
> 은 우리로 하여금 그 안에서 하나님의 의가 되게 하려 하심이라
>
> 고후 5:21

우리는 이러한 과정을 통해 하나님과의 더 깊은 관계, 즉 친밀함을 누리게 된다. 또한 모든 기도가 나의 필요와 문제가 아니라 하나님의 뜻을 이루는 것으로 변화된다.

성령의 임재 안에 하나님과 교제하지 못하는 성도는 결국, 자신의 소원(설령 하나님의 뜻이라 할지라도 내가 이루어야 할 일들)을 이루기 위한 기도를 할 수밖에 없고, 그럴 때마다 '하나님이 과연 이 기도를 들어주실까'에 대한 의문을 가질 수밖에 없다.

> 우리 주 예수 그리스도의 하나님, 영광의 아버지께서 지혜와 계시의
> 영을 너희에게 주사 하나님을 알게 하시고 너희 마음의 눈을 밝히사
> 그의 부르심의 소망이 무엇이며 성도 안에서 그 기업의 영광의 풍성함
> 이 무엇이며 그의 힘의 위력으로 역사하심을 따라 믿는 우리에게 베
> 푸신 능력의 지극히 크심이 어떠한 것을 너희로 알게 하시기를 구하
> 노라 엡 1:17-19

"이렇게 기도한다고"

흔히 우리는 예수님의 이름으로 기도하면서도 '이렇게 기도한다고 해서 이루어질까?' 하는 생각을 품는다. 이렇게 생각하는 것은 무엇인가를 이루기 위해서는 단지 기도만 한다고 될 게 아니라 인간적인 노력이 더 있어야 하고 무엇인가 더 해야 한다는 마음 때문이다. 눈 앞에 이루어져야 할 일들은 불가능에 가까운 것들인데, 단지 내 입술로 예수 그리스도의 이름만 선포한다고 해서 과연 그 일이 이루어 질까 하는 의구심이 드는 것이다.

그러나 명심하라. 우리는 예수 그리스도의 피 값 위에서 기도할 뿐이지, 그분의 역사에 우리가 보태야 할 무엇인가가 더 있는 것이 아니다. 하나님의 역사는 오직 우리 믿음의 문제이지, 행위나 의지의 문제가 아니다. 좀 더 직설적으로 말하면, 바로 최선을 다하려는 그 마음이나 의지가 하나님 능력의 흐름을 방해하고 있다.

다시 한 번 기억하라. 우리가 예수 그리스도의 이름으로 기도하는 것은 예수님이 친히 행하시도록 하는 것이지, 우리가 그 역사에 인간의 능력이나 노력이나 행위를 첨가하는 것이 아니다.

오직 믿음으로 구하고 조금도 의심하지 말라 의심하는 자는 마치 바람에 밀려 요동하는 바다 물결 같으니 이런 사람은 무엇이든지 주 께 얻기를 생각하지 말라 두 마음을 품어 모든 일에 정함이 없는 자 로다 약 1:6-8

너희가 내 이름으로 무엇을 구하든지 내가 행하리니 이는 아버지로 하여금 아들로 말미암아 영광을 받으시게 하려 함이라 내 이름으로 무엇이든지 내게 구하면 내가 행하리라 요 14:13,14

예수님은 요한복음 15장 7절에서 이렇게 말씀하셨다.

너희가 내 안에 거하고 내 말이 너희 안에 거하면 무엇이든지 원하는 대로 구하라 그리하면 이루리라 요 15:17

우리가 해야 할 모든 일은 이것이 전부이다. 우리는 평생 어떤 일을 성취하기 위해서는 최선을 다하고 우리가 할 수 있는 모든 수단을 다 동원해야 한다는 마음의 태도를 지녀왔다. 이런 마음을 품게 하는 것이 사탄의 속임수라는 사실을 알지 못한 채 말이다. 그러나 이런 마음의 자세는 결국 하나님의 절대적인 주권을 제한하는 것이며, 하나님의 역사를 인간의 노력으로 대신하려는 것일 뿐이다. 그 출발점이 오롯이 자신의 믿음이지 자아가 죽고 하나님으로부터 나온 예수 그리스도 안에 있는 믿음이 아니란 말이다.

우리가 기도하는데도 불구하고 아무 일도 일어나지 않는다면, 더욱 내가 무엇인가를 더 보태야 한다는 마음을 죽이고 내 안에 계신 예수님이 그 일을 행하시도록 내 자아를 내어드려야 한다. 그리고 하나님의 사랑과 긍휼이 우리의 온 마음을 차지하도록 해야 한다.

한마디로, 하나님께서 그분의 일을 행하시도록 우리 마음의 통로를 온전히 열어야 한다는 것이다. 그것이 바로 최고의 믿음이다.

"그러면 저는 아무것도 하지 말고, 오직 기도만 하면 되겠네요?"

당신이 이렇게 생각한다면, 완전히 잘못 이해하고 있는 것이다. 하나님이 이루시고 행하시는 일을 방해하거나 간섭하지 말고, 하나님이 약속하신 것을 믿고 믿은 대로 최선을 다해 행동하는 것이 당신의 할 일이다.

예를 들어, "예수님이 나를 치유하셨음을 믿습니다"라고 고백했다면, 그때부터는 치유가 더 잘되도록 이것도 하고 저것도 하기보다 이미 나은 줄로 믿고 믿은 대로 행동하라는 것이다.

> 네가 보거니와 믿음이 그의 행함과 함께 일하고 행함으로 믿음이 온전하게 되었느니라 약 2:22

"치유될까?"

수많은 사람들이 기도한다. 그런데 기도하기 전에 이미 염려하고 걱정하고 의심하면서 기도한다. 염려한다는 것은 이미 하나님과의 관계가 온전치 못하다는 것을 의미한다. 그 상태에서는 바라는 것들의 실상과 보이지 않는 것들의 증거를 마음으로 제대로 그려볼 수 없으며, 하나님의 권능이 나타날 수 없다.

아무것도 염려하지 말고 다만 모든 일에 기도와 간구로, 너희 구할 것을 감사함으로 하나님께 아뢰라 그리하면 모든 지각에 뛰어난 하나님의 평강이 그리스도 예수 안에서 너희 마음과 생각을 지키시리라 빌 4:6,7

성령 안에서 하나님의 말씀이 내 혼과 육을 통치하시도록 그 말씀에 초점을 맞추고, 그 말씀이 이루어진 것을 믿음의 눈으로 바라보라. 문제중심적이고 자기중심적인 기도를 멈추고, 예수 그리스도 안에서 하나님의 뜻을 이루고자 하는 데 초점을 맞춰야 한다.

자기 입장에서 자신의 문제를 해결하기 위해 하나님을 개입시키고자 하는 마음을 버리고, 하나님께서 하나님의 방식으로 행하시는 것에 어떻게 믿음으로 동참할 것인가에 초점을 맞추라는 것이다. 성령님의 도우심으로 말씀을 따라 상상하고 그려보라.

성령님이 내 마음을 사로잡는 어느 순간, 이루어진 것이 믿어질 것이며 염려와 걱정이 사라질 것이다.

하나님의 뜻대로 살지 않고 내 뜻대로 산 결과로 문제가 닥칠지라도 그 문제를 허락하시고 그 문제를 통해 영광을 나타내시며 그분의 뜻에 맞게 해결하시는 분은 하나님이시다.

어두움에 집중하지 말고 하나님의 빛에 집중하라

사람들은 하나님의 뜻에 동참하기보다 하나님의 뜻에 어긋나는 생각들을 제거하는 데 더 많은 시간을 소비하곤 한다. 예를 들어, 어떤 일에 대해 마음에 염려와 걱정과 근심이 들어오면 "주여, 이런 마음이 들지 않게 하여주옵소서"라고 기도하는 데 대부분의 시간을 보낸다는 말이다. 그러나 생각해보라. 빛이 임하면 어두움은 물러가기 마련이다. 그런데도 사람들은 어두움을 제거하는 데 심혈을 기울인다.

그렇다면 염려와 걱정, 근심 같은 마음의 어두움의 특징을 살펴보고, 어떻게 다루면 좋을지 살펴보자.

첫째, 염려와 걱정과 근심과 의심과 두려움은 자기중심적인 인간이 자신의 능력으로 자신과 다른 사람, 혹은 환경을 통제할 수 없다고 생각할 때 나타나는 현상이다.

그러나 그리스도인은 자기가 자신의 삶을 통제하는 것이 아니라 하나님이 자신의 삶을 통제하시도록 내어드리는 삶을 살아야 한다. 사탄은 늘 우리에게 "네 삶의 주인은 너야! 누구도 너를 간섭할 수 없어. 네가 최고야. 네가 스스로 해결해야 해. 네가 있어야 세상이 있는 거야! 할 수 없다면 포기하는 게 좋아. 그렇게 살 바에야 죽는 게 나아"와 같은 말들로 우리가 자기중심적이고 자존자적이고 문제중심적인 삶을 살도록 부추긴다.

우리가 우리의 삶을 통제하려고 하면 할수록 염려와 걱정과 근심

등이 들어오게 되며, 그런 영역은 하나님이 보시기에 불법적인 영역이며 사탄에게는 합법적인 영역이 된다. 예를 들어, 경찰이 순찰을 돌지 않는 구역은 악한 자들이 활개를 치는 우범지대가 되는 것과 같다. 사탄은 끊임없이 그러한 영역을 통해 우리를 지배하고 영향력을 끼치려고 한다.

따라서 우리가 염려하고 걱정하며 근심한다는 것은 사탄에 대한 믿음을 갖는 것이다. 사탄은 늘 육신적인 생각과 주위 환경을 통해 우리에게 죽음의 씨앗을 뿌린다. 우리가 그 씨앗을 믿음으로 품으면 사탄의 포로가 되며, 결국 죽게 된다.

만약 당신이 임신했다면 아이를 낳는 것은 기정사실이다. 이것이 바로 하나님이 인간에게 주신 법칙이다. 이 법칙은 선한 것에도 악한 것에도 동일하게 적용된다. 당신이 낙태하지 않는 이상, 심은 것은 반드시 이 땅에 나타나게 되고, 거두게 된다. 당신이 죽음의 씨앗인 염려와 걱정과 근심과 의심과 두려움을 심으면 반드시 그것들을 거두게 된다.

> 너희 자신을 종으로 내주어 누구에게 순종하든지 그 순종함을 받는 자의 종이 되는 줄을 너희가 알지 못하느냐 혹은 죄의 종으로 사망에 이르고 혹은 순종의 종으로 의에 이르느니라 롬 6:16

우리는 예수 그리스도 안에서 온전케 되었지만, 현실적인 삶에 문제가 있을 수 있다. 그때 우리가 가지는 염려와 걱정과 근심과 의심과 두려움은 사탄이 우리 마음에 뿌린 씨앗이지 하나님의 자녀인 우리 본성에는 없는 것이다.

우리가 염려하면 할수록 그 주관자인 사탄에게 묶이게 된다. 만약, 우리 안에 뿌려진 염려의 씨를 계속 방치한다면 결국 정신적, 정서적으로 저항할 수 없을 정도로 묶이게 된다.

둘째, 염려와 걱정은 당신에게 아직 주어지지 않은 일까지 책임지려는 것과 같다.

실제로 일어난 문제보다 아직 도래하지도 않는 미래에 대하여 지레 염려하고 걱정함으로 필요 이상의 문제를 발생시키는 경우가 많다. 예를 들어, 가슴 부위가 갑자기 아프기 시작했다고 가정해보자. 그 원인이 무엇인지 아직 확인도 안 되었는데, 당신의 마음속에 염려의 씨앗이 뿌려지기 시작하면 그 부정적인 상상은 날개를 단 듯 당신의 마음을 이리저리 끌고 가게 될 것이다. 마침내 확인되지도 않은 사실 때문에 당신의 면역력이 실제로 떨어지거나 삶의 의욕이 사라지고 결국 그 질병에 걸리게 될 수도 있다(아마도 폐암일 것이라는 굳은 믿음을 가지게 될지도 모르겠다).

셋째, 염려와 걱정은 현재와 미래를 자신이 통제하고자 하는 집착이다.

우리는 늘 과거에 기초하여 현재를 판단하고, 현재의 계획으로 미래를 통제하고자 한다. 그러나 그것은 하나님나라의 삶이 아니다.

믿는 자에게는 과거의 불행이나 미래의 불안이 자신의 삶에 영향을 미칠 수 없다. 왜냐하면 우리는 날마다 예수 그리스도 안에서 새로운 삶을 살기 때문이다. 그리고 우리는 우리의 계획을 이루기 위해서 사는 존재가 아니라 하나님을 나타내기 위해서 사는 존재이기 때문이다.

우리가 하나님나라의 삶을 산다는 것은 더 이상 우리가 과거에 얽매이고 스스로 미래를 계획하며 사는 것이 아니라 하나님과의 관계에 의해 현재를 사는 것을 의미한다. 우리는 '믿음'이라는 접촉점을 통해 영원히 존재하시는 하나님을 '현재'라는 시간에서 만나게 된다.

우리는 과거로 돌아갈 수도, 오지 않는 미래에 들어갈 수도 없지만, 현재의 믿음이란 접촉점을 통해서 하나님과 더불어 과거와 미래를 하나님의 뜻대로 변화시킬 수 있다. 그렇게 될 때, 우리의 과거와 미래는 우리를 위협하거나 묶지 못한다. 우리는 이 땅에서 영원히 현재로서 대면하시는 하나님의 통치와 주권 안에서 살아가고 있기 때문이다.

그러므로 너희가 그리스도와 함께 다시 살리심을 받았으면 위의 것을 찾으라 거기는 그리스도께서 하나님 우편에 앉아 계시느니라 위의 것을 생각하고 땅의 것을 생각하지 말라 이는 너희가 죽었고 너희 생명이 그리스도와 함께 하나님 안에 감추어졌음이라 골 3:1-3

염려와 걱정은 의심과 불신을 만들고, 하나님의 뜻이 이루어지지 못하게 하는 원인이 된다. 기도할 때 말씀을 이루는 것은 우리가 아니라 하나님이시다. 하나님께서 친히 행하시겠다는 것을 내가 염려하고 걱정하며 막을 이유가 있는가 생각해보라.

chapter

13

치유될 것을 믿는가, 치유된 것을 믿는가?

시제의 중요성을 인식하라

만약 당신이 치유받기 위해 치유집회에 참석한다면 "하나님께서 오늘 나를 치유하실 것입니다"라는 믿음으로 나아가야 한다. 그러나 집회 가운데 주님의 말씀을 믿게 되었다면 당신의 고백은 이렇게 바뀌어야 한다.

"오늘 이 시간 치유되었음을 믿습니다!"

그런데 안타깝게도 말씀을 듣기 전이나 들은 후에나 동일하게 "하나님이 나를 치유해주실 줄 믿습니다"라고 고백하는 성도들이 너무 많다. 자기 마음의 믿음의 상태나 그에 따른 고백이 얼마나 중요한지 잘 모르기 때문이다.

여러 가지 이유가 있겠지만, 가장 근본적인 것은 육체적 사고체계에 기인한 잘못된 믿음 때문이다. 이 문제를 제대로 이해하기 위해 마가복음 11장 24절 말씀을 예로 들어 설명해보자.

> 그러므로 내가 너희에게 말하노니 무엇이든지 기도하고 구하는 것
> 은(현재) 받은 줄로(과거) 믿으라(현재) 그리하면 너희에게 그대로
> 되리라(미래) 막 11:24

괄호 안에 표시한 것은 헬라어 시제이다. '기도하고 구하는 것'은 현재형으로, 계속해서 반복적으로 기도하고 구하라는 뜻이다. '받은 줄로'는 이미 받았음을 나타내는 직설적 부정과거형이며, '믿으라'는 계속적인 의미를 지니는 현재형이다. 그리고 '그대로 되리라'의 '되리라'는 간구가 이루어지는 미래형이다.

우선 '무엇이든지'를 생각해보면 '기도하고 구하는 것'에 질병의 치유가 포함되어 있음을 알 수 있다. 주님은 우리가 기도하고 구하는 것을 "받은 줄로 믿으라 그리하면 너희에게 그대로 되리라"라고 말씀하셨다. 그렇다면 "받은 줄로 믿으라"는 것은 이미 치유된 것으로(과거) 믿으라(현재)는 뜻이며, "그리하면 너희에게 그대로 되리라"는 것은 그럴 때 치유가 실제적으로 임하는 것으로 보고 체험하게 되리라는 뜻이다.

이 말씀은 미래에 치유될 것을 믿으라는 것이 아니라 치유된 것을 누리라는 말씀이다. 그리고 치유된 것을 실제적으로 누리기 위해서

는 지금 이미 치유된 것을 믿으라는 말씀이다. 그 믿음은 우리 몸의 변화나 느낌에 기초한 것이 아니라, 오직 말씀에 기초해야 한다.

지금까지 설명한 것을 다시 정리해보자면 이렇다.

"질병의 치유를 위해서 기도하고 구하는 것은 이미 치유된 줄로 믿어라. 그리하면 그 실제를 체험하게 될 것이다."

그런데 많은 이들이 "내가 간절히 기도했는데 치유되지 않았다" 혹은 "내가 치유될 것이라고 확신했는데 치유되지 않았다"고 고백한다. 그것은 진리의 말씀을 제대로 이해하지 못하고 있기 때문이다.

"내가 치유될 것을 믿습니다"라는 고백

이 말을 분석해보면, 현재에 기초해서 미래를 말하고 있다. 만약 당신이 '치유될' 것을 믿는다면 당신은 예수님의 대속의 은혜를 부정하는 것이다. 다음 말씀을 천천히 읽어보라.

친히 나무에 달려 그 몸으로 우리 죄를 담당하셨으니 이는 우리로 죄에 대하여 죽고 의에 대하여 살게 하려 하심이라 그가 채찍에 맞음으로 너희는 나음을 얻었나니(과거) 벧전 2:24

이 말씀을 정말로 믿는다면, 우리는 현재에 기초해서 미래를 말하는 것이 아니라, 과거에 기초해서 현재를 말해야 한다.

"예수 그리스도를 인하여 내가 치유되었음을 믿습니다!"

즉, 치유된 것을 믿어야지 치유될 것을 믿어서는 안 된다.

우리가 온전한 믿음을 갖는 것 자체가 영적전쟁이란 사실을 아는가? 마귀는 우리가 이 세상에 묶여 살기를 원한다. 그래서 예수님이 행하신 일에 대한 은혜를 전혀 누리지 못하게 하려 한다.

지금 우리에게 필요한 것은 아직 일어나지 않은 일에 대한 예언이 아니라, 예수님의 행하심으로 인하여 이미 일어난 일에 대한 믿음의 고백이다. 예수님이 우리를 치유하신 것을 먼저 믿을 때 그 결과로 치유를 경험하게 되는 것이지, 우리가 치유될 것을 믿어서 그 결과로 치유가 일어나는 것이 아니다. 치유된 다음에 믿을 이유가 무엇인가? 아직 치유되지 않았기 때문에 믿는 것 아닌가? 치유를 체험하기 전에 먼저 믿어야 한다. 예수님이 도마에게 "너는 본 고로 믿느냐 보지 않고 믿는 자가 복되도다"라고 말씀하셨음을 기억하라. 예수님이 당신을 이미 치유하신 것을 믿고, 당신이 치유되었음을 선포하라.

"내가 치유되었음을 믿습니다"라는 고백

치유되지 않는 여러 가지 이유가 있을 수 있다. 하지만 믿음만의 관점에서 볼 때 이렇게 고백했음에도 불구하고 치유가 일어나지 않았다면, 그 믿음은 심령에서 나온 예수 그리스도 안에 있는 믿음이 아니라 머리에서 나온 이성적 믿음의 고백일 가능성이 크다. 머리에서 나온 이성적 믿음은 현실에 기초하고 있으며, 그 믿음은 기대하고 소망하는 바를 자신의 의지와 노력으로 붙드는 것이기 때문에, 설령 자신이 치유되었다고 고백하더라도 의심을 동반하게 된다.

오직 믿음으로 구하고 조금도 의심하지 말라 의심하는 자는 마치 바람에 밀려 요동하는 바다 물결 같으니 이런 사람은 무엇이든지 주께 얻기를 생각하지 말라 두 마음을 품어 모든 일에 정함이 없는 자로다 약 1:6-8

그러나 심령으로부터 나온 믿음은 현실에 기초하는 것이 아니라 그리스도의 영에 기초한다. 그렇다면 어떻게 심령으로부터 나오는 마음의 믿음을 가질 수 있는가? 우리 스스로의 노력으로는 불가능하다. 그 믿음은 우리에게 달린 것이 아니라 하나님에게 달려 있기 때문이다. 그 믿음은 성령의 임재로 말미암아 말씀이 우리의 육과 혼을 사로잡을 때 가능하다.

결국, 어떤 문제를 해결받기 위해서는 먼저 우리 자신을 그분께 드려야 한다. 그럴 때 성령님이 찾아오시고, 동시에 우리 심령 안에 계신 성령께서 우리 마음에 진리의 말씀을 부으심으로 그 말씀이 믿어지는 것이다. 그리고 자연스럽게 그 믿어지는 것을 입으로 선포함으로 치유를 체험하게 되는 것이다.

사람이 마음으로 믿어 의에 이르고 입으로 시인하여 구원에 이르느니라 롬 10:10

우리가 어떤 고난이나 질병을 당할 때 단지 우리의 문제 해결만을 위해서 하나님께 간구하기보다 우선 자신을 먼저 드려야 한다. 이것이 하나님나라의 방식이다. 그럴 때 하나님은 자녀의 마음을 통해서 능력과 은혜를 베푸신다.

그러므로 염려하여 이르기를 무엇을 먹을까 무엇을 마실까 무엇을 입을까 하지 말라 이는 다 이방인들이 구하는 것이라 너희 하늘 아버지께서 이 모든 것이 너희에게 있어야 할 줄을 아시느니라 그런즉 너희는 먼저 그의 나라와 그의 의를 구하라 그리하면 이 모든 것을 너희에게 더하시리라 마 6:31-33

안타깝게도 많은 경우, 우리는 문제에 대해서만 하나님과 대화하기를 원한다. 그러나 하나님은 문제를 통하여 우리가 하나님 앞으로 나아오기를 원하시며, 더 나아가 우리의 전부를 드리기 원하신다. 우리는 하나님과 어떤 일로 거래하기를 원하지만, 하나님은 우리를 사랑하기 원하시고, 또한 우리의 사랑을 받기 원하신다. 그리고 우리를 통해서 그분의 뜻을 이루기 원하신다. 하나님께서 무엇이 부족하시기 때문이 아니라 우리의 아버지이시기 때문에 그렇게 하신다. 그분에게 치유는 아무것도 아니다. 문제는 우리의 마음을 온전히 드리는 것을 원치 않는 우리의 죄에 있다.

여호와의 손이 짧아 구원하지 못하심도 아니요 귀가 둔하여 듣지 못하심도 아니라 사 59:1

이것은 논리적 모순이 아닌가?

지금 치유되지 않았는데 치유되었다고 말하는 것은 논리적 모순 아닌가? 물론이다. 우리가 합리적, 과학적, 논리적, 이성적이라고 말할 때, 그것은 현실세계에 국한된 것들에만 적용된다. 그러나 성경의 새 언약의 말씀은 현실세계에 대해서가 아니라 하나님나라의 법에 대해 말하고 있다는 사실을 알아야 한다.

하나님나라는 영적 세계이며, 시간과 공간과 물질에 제한된 현실세계와 이성의 논리를 벗어난 것이다. 모든 사고의 주체가 자기 자신일 때는 현실세계에 국한된 의식 속에서 살 수밖에 없다. 그러나 우리가 성령에 사로잡히면 현실세계를 벗어나 하나님의 영에 의해 영적 세계에 접속된다.

마가복음 11장 24절 말씀을 다시 보면 '기도하고 구하고 믿는 것'은 현재 시점이지만, '이미 받은 것'은 과거의 한 시점에 발생한 사건을 말하는 부정과거형이다. 즉 이 말씀 자체가 비논리적이다. 그러나 성령 안에서 이 말씀을 보면, 참으로 진리의 말씀인 것을 알 수 있다. 우선 이 말씀은 현실세계의 법이 아니라 하나님나라의 법에 대한 것이다. 이 말씀을 제대로 이해하기 위해, 예수님이 우리에게 가르쳐주신 기도를 보자.

나라가 임하시오며 뜻이 하늘에서 이루어진 것같이 땅에서도 이루어지이다 마 6:10

이 말씀에서는 하늘에선 이미 하나님의 통치가 완전히 실현되고 있지만, 이 땅에는 아직 하나님의 통치를 거스르는 흑암의 권세가 있다는 것을 암시하면서도 하나님나라가 임하면 주의 뜻이 이 땅에서도 이루어짐을 말하고 있다. '그날(오순절날) 이후'인 지금은 하나님나라가 이미 이 땅에 임했다는 사실을 알아야 한다.

또 그들에게 이르시되 내가 진실로 너희에게 이르노니 여기 서 있는 사람 중에는 죽기 전에 하나님의 나라가 권능으로 임하는 것을 볼 자들도 있느니라 하시니라 막 9:1

우리가 살아가고 있는 이 땅에 하나님 자녀의 믿음을 통해서 하나님나라가 권능으로 임한다는 사실을 기억해야 한다. 현실적으로 치유가 일어나지 않았는데 이미 치유되었다고 말하는 것은 이 세상에선 분명히 논리적으로 모순이다. 그러나 우리가 이 땅이 아니라 이 땅에 도래한 하나님나라의 삶을 사는 하나님의 자녀라면 하나님나라에서 이루어진 것을 말하는 것은 지극히 정상적이고 논리적이다.

당신이 하늘(영적세계)에서 이루어진 것을 믿음으로 말할 때, 그 말한 대로 이 땅(현실세계)에서 나타나는 것이다. 치유는 2천 년 전에 이미 일어났다. 죄 없으신 예수님이 십자가를 지심으로 우리가 죄로 인하여 당할 수밖에 없는 모든 일을 이미 회복시키셨기 때문이다. 우리는 지금 그 은혜의 법을 집행하는 것이다. 그렇기 때문에 우리는 이미 치유되었다고 담대하게 말해야 한다. 이 부분을 명확하게 이해하기 위해서는 4장 '관계적 차원에서 본 예수님의 완전한 사역'(80-84페이지)를 다시 보라.

성령의 임재 안에서 주님의 말씀을 듣고 자신의 상태와 상관없이 이미 치유 받았다고 말하는 것은 하나님의 자녀가 아니고서는 이 세상의 누구도 할 수 없는 고백이다. 우리는 이 세상의 법이 아니라 하나님나라의 법을 말하고 적용할 줄 알아야 한다.

진리의 말씀을 선포하는 것은 오직 주의 자녀들만이 갖는 특권이다. 하나님의 자녀가 진리의 말씀을 선포하는 것을 두려워하거나 부끄럽게 생각하지 말라. 당신의 태도를 바꿔라.

어떻게 기도 받고, 어떻게 기도하는가?

기도할 때 가져야 할 태도

질병을 위해서 우리가 기도하든 아니면 다른 사람의 기도를 받든, 우리에게 이루어지는 모든 일은 우리의 노력이나 행위나 지식이나 감정이나 의지에 달린 것이 아니라, 예수님이 우리를 위하여 십자가를 지시고 다 이루신 것에 기초하여 성령님이 말씀으로 행하신다는 사실을 믿어야 한다. 따라서 우리가 자신의 치유를 위해 기도하거나 다른 사람의 기도를 받을 때, 먼저 우리가 그리스도의 죽음과 부활에 동참해야 한다.

이때 우리가 취해야 할 태도를 가장 잘 설명할 수 있는 예가 병원에서 환자가 수술 받는 과정이다. 병원에서는 의사가 수술을 하지만, 하나님나라에서는 예수님이 우리를 치유하신다.

수술하기 전에는 보통 '수술동의서'를 쓴다. 그것은 "최선을 다하겠지만 만에 하나 발생할 수 있는 불상사에 대해 의사는 책임질 수 없습니다. 그럼에도 불구하고 당신의 몸을 맡기겠습니까?"라는 것이다. 환자가 그 동의서에 사인한다는 것은 자신의 몸을 담당 의사에게 전적으로 의탁한다는 뜻이다.

이와 마찬가지로 우리가 기도를 하거나 받을 때 예수님을 전적으로 믿어야 한다. 그것은 나의 몸을 온전히 예수님께 맡긴다는 뜻이다. 물론 의사와 예수님 사이에는 결정적인 차이가 있다. 의사는 최선을 다할 뿐이지 내 생명에 대해 책임은 지지 않는 반면 예수님은 내 생명에 대해 반드시 책임지신다. 예수님은 우리의 생명을 살리기 위해 자신의 목숨을 버리신 분이다. 그분에게 불가능이란 없다.

수술대 위에 올라가야 한다

진정한 신뢰는 자신을 맡긴다는 뜻이다. 의사를 신뢰한다고 하면서도 자신을 맡기지 않으면 어떻게 수술을 할 수 있겠는가? 그렇다면 우리가 자신을 맡긴다는 것은 무엇을 의미할까? 수술대 위에 올라가는 것이다. 수술 부위에 따라서 머리를 깎거나 신체의 털을 밀고, 옷도 모두 벗는다. 그야말로 자신을 맡기는 것이다.

수술대 위에 올라갈 때는 모든 사람이 다 초라해진다. 그러나 가장 인간다워지는 순간이기도 하다. 자신의 포장지가 모두 벗겨지는 순간이기 때문이다. 신분이 무엇이든, 소유가 얼마나 많든, 어떤 집에 살든, 다른 사람들이 자신을 어떻게 떠받들어주었든 상관없다. 단지 의사 앞에 환자일 뿐이다.

이와 같은 맥락에서 예수님의 치유에 대해서 생각해보자. 예수님을 믿는다고, 즉 신뢰한다고 말하면서 정작 자신의 생각이나 느낌, 소유, 신분, 지위 등으로 인하여 자신을 맡기지 않는다면 예수님이 어떻게 치유하실 수 있겠는가?

안타까운 것은, 너무 많은 이들이 한 인간인 의사 앞에서도 모든 것을 포기하고 기꺼이 수술대 위에 올라가면서도, 하나님이신 예수님이 우리를 치유해주신다고 하는데도 불구하고 자신을 포기할 줄 모른다는 것이다. 다른 말로 표현하면, 예수님을 믿는다고 말하지만 수술대에 올라가지는 않는다. 그러면서 계속적으로 "주님, 살려주세요! 살려주세요! 저는 예수님을 믿습니다. 주님, 저를 치유해주세요!"라고 기도만 한다. 이것은 예수님이 치유자라는 것을 인정하면서도 수술대로 가지는 않는 것과 같다. 그러니 어떻게 치유가 일어날 수 있겠는가?

믿음은 예수님에 대한 나의 생각을 신뢰하는 것이 아니라, 나를 찾아오신 예수님을 신뢰하는 것이고, 또 나 자신을 완전히 맡기고 의탁한다는 뜻이다. 믿음은 질병을 포함한 나 자신을 수술대 위에 올려놓는다는 뜻이다. 그분을 믿는다는 것은 내가 필요한 것을 주실 것이라고 믿는 것이 아니라, 나를 맡길 때 그분이 내 삶과 문제를 책임지신다는 것을 믿는다는 뜻이다.

예수님의 수술 사역에 대한 가장 좋은 예가 예레미야서에 나온다.

여호와께로부터 예레미야에게 임한 말씀에 이르시되 너는 일어나 토
기장이의 집으로 내려가라 내가 거기에서 내 말을 네게 들려주리라
하시기로 내가 토기장이의 집으로 내려가서 본즉 그가 녹로로 일을
하는데 진흙으로 만든 그릇이 토기장이의 손에서 터지매 그가 그것
으로 자기 의견에 좋은 대로 다른 그릇을 만들더라 그때에 여호와의
말씀이 내게 임하니라 이르시되 여호와의 말씀이니라 이스라엘 족속
아 이 토기장이가 하는 것같이 내가 능히 너희에게 행하지 못하겠느
냐 이스라엘 족속아 진흙이 토기장이의 손에 있음같이 너희가 내 손
에 있느니라 렘 18:1-6

이 말씀에 매우 중요한 메시지가 담겨 있다. 그것은 바로 의사와
예수님의 결정적 차이점이다. 의사는 우리의 환부만을 치유하기 원
한다. 우리 인간 역시 질병만을 치유받기 원하지 자신을 변화시키기
를 원하지는 않는다.

반면에 예수님은 우리의 영혼육 전부를 만지기 원하신다. 우리의
질병은 직간접적인 죄로부터 온 것이기 때문이다. 이것을 제하실 수
있는 분은 오직 예수님 한 분밖에 없으시다. 그분의 속량으로 모든
죄가 사함 받고 새롭게 빚어질 수 있다. 그분의 뜻은 우리가 강건하

고 범사에 잘되는 것이다.

> 평강의 하나님이 친히 너희를 온전히 거룩하게 하시고 또 너희의 온 영과 혼과 몸이 우리 주 예수 그리스도께서 강림하실 때에 흠 없게 보전되기를 원하노라 살전 5:23

우리가 치유 받는다는 것은 그분의 뜻에 맞게 새롭게 된다는 것이다. 그런데 우리는 우리의 그릇이 깨뜨려지는 것과 그 안에 평생 담겨졌던 것들을 쏟아내기를 두려워한다. 그러나 하나님은 우리의 그릇과 그 안에 담긴 것들을 모두 버리고 새 그릇에 하나님의 것을 담기 원하신다. 하나님은 우리의 그릇을 깨뜨리고 그분이 원하시는 그릇으로 변화시키기를 원하신다. 그러기 위해서는 그분의 녹로 위로 올라가야 한다.

> 그리스도께서 이미 육체의 고난을 받으셨으니 너희도 같은 마음으로 갑옷을 삼으라 이는 육체의 고난을 받은 자는 죄를 그쳤음이니 그 후로는 다시 사람의 정욕을 따르지 않고 하나님의 뜻을 따라 육체의 남은 때를 살게 하려 함이라 벧전 4:1,2

여기에 신유의 비밀이 있다. 그분이 우리를 치유하시는 이유는 단지 육체의 생명을 연장하는 데 있지 않고, 우리를 새롭게 함으로 주님의 뜻대로 육체의 남은 때를 살 기회를 주시는 것이다. 신유로 치유함을 받는다고 해서 죽지 않는 사람은 한 사람도 없다. 고쳐주지 않고 데려가실 수도 있지만, 이 땅에서 우리 안에 계신 주님의 영광을 나타낼 기회를 주시기 위해 고쳐주시는 것이다. 우리가 이 땅을 살면서 주님의 영광을 나타낸 일이 없이 그대로 생을 마감한다면, 주님의 심판대 앞에 섰을 때 받을 상급이 없기 때문이다.

이는 우리가 다 반드시 그리스도의 심판대 앞에 나타나게 되어 각각 선악 간에 그 몸으로 행한 것을 따라 받으려 함이라 고후 5:10

녹로 위에 올라가야 한다. 그분을 만나야 하고, 그분의 손길에 맡겨야 한다. 그런데 우리는 그릇이 터지는 것을 두려워한다. 단지 보수나 수리만 하려고 한다. 그러나 기억하라. 하나님이 하시는 일을 녹로에 놓고 그릇이 터지게 하는 것이다.

성령의 마취 – 성령님께 사로잡혀라

우리가 수술대 위에 올라갔을 때, 우리가 겪을 고통이 너무 크기 때문에 의사는 마취제를 사용한다. 평상시의 우리는 스스로 의식을 통제하기 때문에 신체의 일부를 잘라낼 때의 고통이나 두려움을 참을 수 없을 것이다. 그러나 마취가 되면 우리는 의식을 잃어버린 상태에서 자기 신체를 전적으로 의사에게 맡길 수 있게 된다.

마찬가지로, 녹로 위에 우리 자신을 올려놓을 때, 다른 말로 하나님께 내 육신과 마음을 전부 드릴 때 성령님이 임하신다. 그리고 치유의 능력이 역사한다. 성령으로 우리를 감싸주셔서, 우리의 혼과 육을 사로잡으신다. 그 결과 우리의 생각이나 감정으로 문제를 보는 것이 아니라 하나님의 마음으로 보게 하신다. 이러한 일은 절대로 맨 정신에 이루어질 수 없다. 자기를 포기하는 것은 죽음을 뜻하고, 우리는 죽기를 두려워하기 때문이다.

> 또 죽기를 무서워하므로 한평생 매여 종 노릇 하는 모든 자들을 놓아주려 하심이니 히 2:15

의식적으로든 무의식적으로든 우리가 우리 생각을 붙들고 있으면 하나님의 말씀이 역사하지 못한다. 우리 의식이 우리 자신을 통제하고 있으면 하나님의 말씀이 역사하지 못한다는 뜻이다. 따라서 성령께서 임하셔서 우리의 혼과 육을 사로잡을 때 비로소 우리의 믿음이 예수 그리스도 안에 있는 믿음(딤후 3:15 ; 갈 2:20), 즉 하나님의 믿음(막 11:22,23)으로 변화되고, 그때 하나님의 말씀이 역사하기 시작한다. 생각해보라. 우리는 그분의 말씀으로 지어졌다. 따라서 근본인 말씀이 임할 때 우리의 마음과 육신은 깨끗하게 되고, 새롭게 되는 것이다.

살리는 것은 영이니 육은 무익하니라 내가 너희에게 이른 말은 영이
요 생명이라 요 6:63

이것을 현상적으로 설명하자면, 우리가 우리의 문제를 주님께 드
리고, 모든 염려와 걱정을 내려놓고, 우리의 관심이 자신의 문제보다
주님을 향하고, 주님을 찬양하며 기다릴 때 성령님이 임하신다. 그
때 온 몸에 빛이 임하는 느낌이 들거나, 환부가 뜨거워지거나, 갑자
기 주체할 수 없이 몸이 무거워지거나 반대로 가벼워지거나, 다리에
힘이 풀린다거나, 진동이 오는 등 수많은 현상들이 일어난다. 바로
그것이 성령님에 의한 마취인 셈이다.

그때 내 생각으로는 도저히 가질 수 없는 하나님의 믿음이 임하거
나 하나님의 말씀이 믿어지게 되고, 하나님이 치유하셨다는 확신이
들게 된다. 그러면 많은 경우 "감사합니다, 주님! 제가 나음을 입었
습니다"라고 소리치곤 한다.

수술이 끝나면 일단 중환자실로

수술이 끝나면 의사가 나와서 보호자에게 "수술은 잘 끝났습니
다"라고 말한다. 그렇지만 환자는 아직 마취가 풀리지 않은 상태에
서 구름에 달 가듯이 몽롱한 상태가 일정 시간 지속된다. 수술이 어
떻게 되었는지는 모르겠지만, 아프지도 않고 마음과 육신이 붕 떠

있는 느낌이다. 그러나 마취에서 깨어나면 수술 전보다 더 큰 통증에 시달리게 된다. 그럴 때 누구도 의사에게 "수술이 잘되었다면서 왜 더 아픕니까?"라고 묻는 사람은 없을 것이다.

수술했는데 왜 더 아플까? 상처를 도려냈기 때문이다. 잘못된 부분을 째고, 잘라내고, 다시 꿰맸기 때문이다. 그러나 시간이 지나면 점차적으로 통증이 사라지고, 환부가 아물면서 깨끗이 치유된다.

땅속에 뿌리 내린 나무를 뽑아낸다고 해보자. 주위의 흙들이 다 일어날 것 아닌가? 다시 정상 상태로 되돌리기 위해서는 다른 흙으로 메우고 밟아주어야 한다. 흙이 우리의 육체라고 생각해보라. 뿌리를 뽑아낼 때도 아프지만 뽑아낸 후에도 한동안은 아프기 마련이다.

주님의 치유도 마찬가지다. 우리에게 성령님이 임하시고 우리가 치유의 말씀을 붙들었다면, 지금의 상황과 상관없이 치유 받은 것이다. 다른 말로 하면, 성령님이 임하셔서 말씀으로 당신의 질병의 뿌리를 뽑아낸 것이다. 그럼에도 불구하고 육신은 계속 아프고 고통스럽기만 하며 전혀 치유된 것 같지 않다. 그러나 지금 아무런 변화가 없다 하더라도 이미 나은 것으로 믿어야 한다.

그러므로 내가 너희에게 말하노니 무엇이든지 기도하고 구하는 것은 받은 줄로 믿으라 그리하면 너희에게 그대로 되리라 막 11:24

마귀의 거짓말에 속지 말라

"치유되었다는데 그 부분이 여전히 아프지 않니? 예수님이 제거하셨다는데 여전히 상처와 쓴 뿌리가 생각나지 않니? 하나님은 전지전능하신데 왜 아직도 고통이 있는 거지? 너는 믿음이 없어, 하나님은 너를 사랑하시지 않아, 하나님이 왜 너를 치유해주시겠니?"

마귀는 끊임없이 이런 거짓말을 우리 마음에 속살거린다. 이것이 바로 우리 마음에서 일어나는 영적 전쟁이다. 그러나 이것은 마귀가 우리를 속여 옛날로 돌아가게 하려고 거짓 생각을 주는 것일 뿐, 그 말에 능력은 없다.

그렇지만 만약 우리가 그 생각이나 느낌에 동의한다면, 그때부터 마귀에게 통치권이 넘어가게 된다. 하나님의 역사를 우리 스스로 무효화시키는 것이다. 그러나 기억하라. 마귀는 거짓말쟁이이다. 속지 말라!

기도를 받을 때 우리의 태도

지금까지 살펴본 내용들은 우리가 기도할 때 혹은 기도를 받을 때 모두 적용할 수 있는 내용이다. 이 내용에 기초하여 실제로 누군가로부터 기도를 받을 때 어떤 태도를 취해야 하는지 구체적으로 알아보자.

1. 믿어라

당신 안에 예수님이 함께하시며, 그분이 당신을 치유하기 원하신다는 사실을 믿어라.

2. 두려움과 의심을 내려놓으라

치유사역자가 성령님을 초청할 때 두려움과 의심을 모두 내려놓고, 긴장을 풀라.

3. 문제를 아뢰며 기도하라

마음으로 "예수님, 감사합니다. 제가 이런 문제로 기도받기를 원합니다. 주님이 제 약함을 담당하시고 저의 모든 질병을 짊어지시기 위해 오셨다는 것을 알고 있습니다. 이 시간, 제 문제를 주님께 올려 드립니다. 주께 드렸사오니 더 이상 이 문제로 염려하거나 걱정하거나 불안해하지 않겠습니다"라고 기도하라.

4. 내어맡기는 기도를 하라

"이제 온전한 저 자신 전부를 주께 드립니다. 이 시간에 주님의 영광 안에 들어가게 하셔서 주의 말씀에 제 혼과 육이 반응하게 하옵소서"라고 마음으로 기도하라.

5. 사역자에게 귀를 기울이라

이제 사역자의 말에 귀를 기울이고, 사역자가 기도할 때 더 이상 마음으로, 입으로 기도하거나 방언하지 말라.

6. 믿음의 눈으로 바라보라

치유사역자가 당신의 환부에 안수할 때 하나님의 치유능력이 흘러 들어오는 것을 믿음의 눈으로 바라보라.

7. 말씀을 믿고 영혼육이 반응하게 하라

치유사역자가 기도할 때 선포하는 말씀이 하나님의 능력임을 믿고, 그 말씀대로 당신의 혼과 육이 반응하게 하라. 이 말은 당신의 마음이 방관자적 입장이 되어 어떻게 되나 바라보는 것이 아니라, 그 말씀에 당신의 혼과 육이 적극적으로 반응하게 하라는 뜻이다. 이러한 태도는 하나님의 역사에 매우 중요하다.

8. 현상이 아닌 믿음의 실상을 보라

당신에게 신체적, 감정적인 아무런 변화가 없다 할지라도 또한 당신의 의지와 상관없는 현상이 나타난다 할지라도, 나타나는 현상에 묶이지 말고 치유사역자의 치유 선포에 따라 당신이 이미 치유 받았다는 것을 믿어라. 그리고 이미 치유된 실상과 증거를 그려보라.

9. 감사하며 믿는 대로 행동하라

치유사역자의 기도가 끝났을 때 "하나님, 치유해주셔서 감사합니다"라고 말함과 동시에 그에 따르는 행동을 하라. 이 말은 당신의 질병이 치유되었는지 또는 마음이 어떻게 변화되었는지를 시험해보라는 것이 아니라, 말씀의 실체가 당신의 마음과 몸에서 나타나도록 이미 이루어진 것에 기초하여 행하라는 것이다. 기억하라. 당신의 행동은 당신이 드린 기도에 대한 대가로 무엇인가를 받아내기 위한 것이 아니라 주님 안에서 주님의 뜻이 이루어지도록 믿음의 실체를 나타내기 위함이다.

10. 절대 의심하지 말라

그 결과, 당신에게 아무 일도 일어나지 않았다 할지라도 절대로 의심하지 말라. 이미 치유되었음을 마음으로 믿고 입으로 계속 고백하라. 치유는 당신의 믿음과, 실상과 증거의 선포와, 그에 따른 행동으로 완성된다. 당신이 믿음으로 나아간다 할지라도 언제 치유되는가는 하나님이 결정하신다. 하나님의 약속을 붙들어라.

스스로 치유기도를 할 때의 태도

우리 스스로 질병의 치유를 위해서 기도할 때도 앞서 언급한 태도들을 취해야 한다. 여기서는 특별히 스스로 치유기도를 할 때 유념

하여야 할 것들에 대해 살펴보자.

1. 먼저 의심과 불신을 제거하라

평소에 치유되지 않을 것이라고 혹은 내가 기도해도 아무 일도 일어나지 않을 거라고 믿었던 생각이 왜 잘못되었는지를 찾아보고 올바른 지식을 가져라. 이 책 앞쪽의 '찾아보기'를 참고하라.

2. 말씀으로 무장하라

먼저 다음 말씀을 입으로 소리 내어 읽어라.

이는 선지자 이사야를 통하여 하신 말씀에 우리의 연약한 것을 친히 담당하시고 병을 짊어지셨도다 함을 이루려 하심이더라 마 8:17

그러므로 내가 너희에게 말하노니 무엇이든지 기도하고 구하는 것은 받은 줄로 믿으라 그리하면 너희에게 그대로 되리라 막 11:24

친히 나무에 달려 그 몸으로 우리 죄를 담당하셨으니 이는 우리로 죄에 대하여 죽고 의에 대하여 살게 하려 하심이라 그가 채찍에 맞음으로 너희는 나음을 얻었나니 벧전 2:24

그를 향하여 우리가 가진 바 담대함이 이것이니 그의 뜻대로 무엇을

구하면 들으심이라 우리가 무엇이든지 구하는 바를 들으시는 줄을
안즉 우리가 그에게 구한 그것을 얻은 줄을 또한 아느니라

요일 5:14,15

그리고 성령님께 "주님! 이 말씀이 나를 사로잡기를 원합니다"라
고 기도하고, 이 말씀이 온 마음을 사로잡을 때까지 묵상하라. 하
나님은 말씀이시다. 하나님은 말씀에 따라, 말씀대로, 말씀 안에서
역사하신다.

3. 지금 앓고 있는 질병에 대한 뿌리를 추적해보라

지금 나타난 질병은 증상일 뿐이다. 날 때부터 어떤 질병을 가지
고 있었던 사람의 경우에는 세대적인 저주가 있을 수 있다. 또한 육
체적인 질병의 원인이 감정적인 상처로부터 기인된 것일 수도 있다.

예를 들면, 직장을 잃었다거나 많은 스트레스를 받아 두통이 생겼
거나, 사기를 당한 후부터 몸이 아프다거나, 이혼이나 별거 혹은 부
모나 자녀의 죽음 뒤에 찾아온 암 등을 생각해보라.

또한 그 원인이 일상적인 상황으로부터 나온 것이 아니라 영적인
것에서 기인했을 수도 있다. 신비한 체험을 한 후부터 악몽을 꿀 수
도 있으며, 습관적인 죄로 인한 질병일 수도 있다. 또한 저주로 인한
질병이 있을 수도 있다.

결론적으로, 치유기도를 제대로 하기 위해서는 그 질병의 특성과

근원적 원인에 대해서 알 필요가 있고, 그 뿌리를 제거해야 한다. 그 것을 위해 "성령님, 제가 이런 질병으로 고통받고 있습니다. 이 질병의 뿌리가 무엇인지 생각나게 하시고 보여주소서!"라고 기도하고, 기다려보라. 만약 당신이 기다리는 시간 동안 불안한 마음에 당신의 생각을 굴려서 '아마 내가 이래서 이런 병에 걸렸을 거야'라고 한다면, 그것은 당신의 추측이지 결코 성령님이 알려주신 말씀은 아니다. 아무런 감동이 없더라도 그냥 기다려보라.

만약 당신이 성령 안에서 하나님의 감동을 받는 것에 익숙하지 않다면, 이 책 10장의 내용 중 '현재 문제의 근원을 알아야 한다'는 부분으로 돌아가 그 내용을 가지고 기도해보라. 예를 들어, "주님, 이 질병이 저의 나쁜 식습관 때문에 생긴 것입니까?" 혹은 "이 육신의 질병이 제 혼적인 문제로부터 생겨난 것입니까?"라고 물어보면 된다. 열거된 내용을 가지고 이렇게 기도할 때 뿌리가 그곳에 있다면 성령께서 내적인 감동을 주실 것이다.

4. 자유하라

그 뿌리가 밝혀지면 그 문제에 대해서, 뿌리를 알 수 없으면 현재의 상황에 대해서 회개와 용서로 모든 묶임으로부터 자유하라. 우리는 과거로 되돌아갈 수는 없지만, 과거가 현재에 미치는 모든 영향력은 예수 그리스도 안에서 회개와 용서로 해결할 수 있다. 또한 하나님 보시기에 온당치 못한 모든 것을 회개하라.

누군가를 미워한다면 회개하고 용서하라. 자신을 미워하고 정죄하고 있다면 자신을 용서하라. 하나님이 당신을 용서하셨는데 우리가 우리 자신을 용서하지 못한다면 얼마나 교만한 것이겠는가? 회개와 용서는 하나님의 역사를 위한 필수선결 조건이다. 특별히 용서하지 못하는 것은 치유의 가장 큰 장애물이다. 질병이 어떤 사람에 의해서 야기된 것이라면, 그 사람을 용서하라. 힘들면 이 책 9장의 '용서하라' 부분으로 가서 다시 보라.

5. 지금 당하고 있는 질병을 하나님께 드려라

우리의 문제라면 우리가 해결해야 한다. 그러나 예수님은 우리의 연약함과 질병을 담당하러 오셨다. 그 예수님에게 우리 질병의 문제를 드리고 나면, 이제 그 문제를 해결하시는 분은 예수님이시다. 그러나 우리 문제를 해결하기 위해 하나님을 이용해선 안 된다.

"주님, 저는 제 질병을 치유받기 위해서 늘 기도는 했지만 항상 제 문제로만 생각하고 붙들고 있었습니다. 이 시간 제 모든 연약함과 질병을 담당하신 예수님께 이 질병을 맡깁니다. 제 모든 것을 받아주신 예수님께 감사드립니다."

6. 이제 하나님의 나라와 그의 의를 구하라

하나님의 나라를 구하는 것은 하나님의 영광의 임재와 통치를 의미한다. 그리고 그의 의를 구하는 것은 하나님께서 우리의 마음을 사로잡으심으로 우리의 마음이 하나님의 마음에 일치되는 것을 말한다. 그때 우리 안에 있는 예수 그리스도의 믿음으로 주의 말씀이 역사하는 것이다.

제일 쉬운 방법은 조용히 주를 찬양하며 주의 영광이 나를 덮는 것을 마음으로 믿는 것이다.

"주님! 주의 영광으로 저를 사로잡아주옵소서. 주님의 임재 안에 들어가게 하옵소서! 제 마음이 주님의 마음에 일치되게 하옵소서! 성령님 역사하셔서 약속하신 말씀이 제 생각과 감정에 풀어지게 하시고, 생명의 말씀으로 믿어지게 하옵소서!"

그런즉 너희는 먼저 그의 나라와 그의 의를 구하라 그리하면 이 모든 것을 너희에게 더하시리라 마 6:33

7. 성령님을 초청하라

"성령님! 이 시간에 저의 머리끝부터 발끝까지 임하시옵소서! 주님의 영광 안에 들어가게 하옵소서! 특별히, 환부를 치유의 빛으로 사로잡아주옵소서! 주님, 저의 영혼육 전부가 주님의 말씀에 반응하게 하옵소서!"

이렇게 기도하는 동안에 여러 가지 현상들을 통해서 성령님의 임재를 느낄 수 있을 것이다. 예를 들면, 신체 부위가 뜨거워지거나, 저리거나, 전기가 흐르는 것 같거나, 눈물이 나오거나, 신체 부위가 붉

어질 수 있다. 그럴 경우에는 계속적으로 그분이 역사하시도록 간구하라.

8. 성령 안에서 말씀에 따라 상상하고, 느껴보라

우리의 질병과 증상을 이미 주님께 드렸다면, 이제 하나님께서 약속하신 말씀대로 이루어진 것을 상상하고 느껴보라. 기대하고 소망하는 것을 그려보는 것이 아니다. 이미 주님이 내 영 안에서 이루신 것의 실상과 증거를 바라보라는 것이다. 우리는 살아오면서 마귀의 영향을 받아 부정적이고 악한 것은 쉽게 상상할 수 있지만, 반대로 의롭고 선하고 우리의 힘으로 불가능하게 보이는 것은 상상하기 힘들어하는 경향이 있다. 그래서 성령 안에서 말씀에 따라 상상하는 것을 훈련해야 한다.

우리는 대개 말씀을 믿는다는 것에는 익숙하지만 말씀에 따라 상상한다는 것에는 익숙하지 않다. 약속의 말씀에 따라(예를 들어, "그가 채찍에 맞음으로 너희는 나음을 얻었나니"란 말씀을 생각해보고) 그 말씀대로 이루어진 것을 상상해보라(각자의 경우에 적용해서 온전하게 치유된 상태와 상황을 그려보라). 하나님께서는 하나님의 자녀가 믿음으로 그려보는 그것을 그대로 이루시기를 원하신다. 따라서 우리 마음에 무엇을 그리는가가 무엇을 수확할 것인지를 결정하게 된다.

그러므로 내가 너희에게 말하노니 무엇이든지 기도하고 구하는 것

은 받은 줄로 믿으라 그리하면 너희에게 그대로 되리라 막 11:24

믿음은 바라는 것들의 실상이요 보이지 않는 것들의 증거니 히 11:1

9. 환부에 손을 얹어라

믿음으로 환부에 손을 얹을 때 하나님의 치유능력이 흘러가는 것을 믿어라. 손을 얹는 것은 당신이 할 일이고, 치유하는 것은 하나님이 하실 일이다. 따라서 어떤 질병이나 문제든지 두려워하거나 의심하지 말고, 담대하게 손을 얹으라. 당신이 무언가 이루려고 애쓸 필요는 없다. 하나님이 행하기 원하신다.

믿는 자들에게는 이런 표적이 따르리니 곧 그들이 내 이름으로 …
손을 얹은즉 나으리라 하시더라 막 16:17,18

10. 예수 그리스도의 이름으로 꾸짖고 선포하라

모든 준비 작업이 끝났다. 이제 믿음의 선포로 하나님의 능력이 역사하도록 하라. 예수 그리스도의 이름으로 그 뿌리를 제거하고 질병을 꾸짖어라. 그리고 나았음을 선포하라. 믿는 대로 선포하지 않으면 하나님의 역사가 일어날 수 없다. 우리가 선포하는 것은 하나님께 치유해달라고 구하는 것이 아니다.

제발 "주님! 제가 시키는 대로 했으니, 도와주십시오. 역사해주십시오"라고 기도하지 말라. 그것은 하나님 아버지를 슬프시게 하는 일이다. 우리는 하나님께 애걸하는 자가 아니라 하나님의 자녀로서 예수 그리스도 안에서 하나님의 일에 동역하는 자이다. 주의 말씀을 이루어가는 자이다. 그렇기 때문에 당신의 이름으로 기도하는 것이 아니라 예수 그리스도의 이름으로 기도하는 것이다.

이 믿음으로 성령 안에서 행하는 당신의 선포에 능력이 나타난다. 예수 그리스도의 이름으로 권위를 가지고 담대하게 질병을 꾸짖어라. 쫓아내라. 세포와 조직과 기관이 새롭게 되도록 명령하라. 하나님께서 치유하신 것을 선포하라. 이 부분에 대해서 보다 자세히 알기 원한다면《왕의 기도》(규장)를 참고하라.

선포기도를 처음 하는 대부분의 성도들은 믿음을 가지고 한 번 담대하게 선포한 다음에는 그 선포의 결과로 자신의 육신에서 무엇이 어떻게 변했는지를 살피는 데 온 마음을 쏟는다. 만약 그렇다면 그것은 아직도 예수 그리스도 안에 있는 믿음이 무엇인지 모르는 것이며, 하나님이 원하시는 것이 무엇인지 모르고 있다는 증거이다.

안 아프면 하나님이 역사하신 것이고, 아프면 하나님이 역사하지 않으신 것인가? 당신의 생각과 육신의 상태가 하나님의 말씀의 역사를 평가하는 수단인가? 당신이 신뢰하는 것은 당신의 육신의 상태인가, 아니면 생명의 말씀인가? 당신은 기도한 대가를 얻어내는 존재인가, 아니면 당신 안에 계신 하나님의 약속의 말씀을 당신의 믿음을 통해서 이 땅에 풀어내는 존재인가?

자신의 생각이나 느낌이나 상태로 하나님의 말씀과 역사를 평가하는 것만큼 어리석은 일은 없다. 우리는 하나님의 말씀으로 거듭난 존재이다. 하나님의 말씀에 우리의 혼과 육이 복종하도록 해야 한다. 그것이 바로 예수 그리스도의 이름으로 선포하는 이유이다.

선포기도를 한 후에 육신에 아무런 변화가 없음에도 불구하고 진심으로 치유되었다는 것을 믿는 것이 바로 하나님의 믿음이다. 이때 당신의 고백은 참으로 중요하다. 왜냐하면 마음에 가득한 것을 입으로 말할 수밖에 없기 때문이다.

"치유가 안 된 것 같아요. 여전히 아파요."

이 한 마디의 고백은 당신을 향한 하나님의 모든 은혜의 역사를 한줌의 재로 날려버린다. 대신에 이렇게 고백하며 믿고 기뻐하라.

"감사합니다. 아직 육신의 증상으로 나타나지 않았지만 하나님께서 이미 치유하셨습니다!"

11. 믿는 대로 행동하라

선포기도 후 치유가 금방 일어났으면 감사한 일이다. 그러나 기도했음에도 불구하고 마음과 육체에 아무런 변화가 없다 할지라도 당신의 영혼에서는 이미 치유가 시작되었다. 아직 그 결과가 내 생각과 느낌으로 인식할 수 있을 정도로 나타나지 않았을 뿐이다. 하나님께서 당신이 알지 못하는 부분을 계속 만지고 계신다.

이때 가장 중요한 것은 믿는 대로 행동하는 것이다. 예수님과 그

제자들이 기적을 일으키실 때 어떻게 하셨는지를 생각해보라. 행동하라고 하셨다. "일어나 걸어가라, 오라, 손을 내밀어라, 가서 보여라, 가서 씻어라" 등 정말 믿는다면 믿는 대로 행동하라고 하셨다.

너희는 나를 불러 주여 주여 하면서도 어찌하여 내가 말하는 것을 행하지 아니하느냐 내게 나아와 내 말을 듣고 행하는 자마다 누구와 같은 것을 너희에게 보이리라 눅 6:46,47

그런데 하나님의 마음에 일치되지 않는 자는 이성적으로 생각할 수밖에 없다(앞서 언급한 표현으로 설명하자면, 아직도 성령의 마취가 덜 된 자이다).

"아픈데 어떻게 나았다고 기뻐할 수 있는가?"

당신이 그렇게 생각하기 때문에 기적을 경험하지 못하는 것이다.

너희는 말씀을 행하는 자가 되고 듣기만 하여 자신을 속이는 자가 되지 말라 누구든지 말씀을 듣고 행하지 아니하면 그는 거울로 자기의 생긴 얼굴을 보는 사람과 같아서 제 자신을 보고 가서 그 모습이 어떠했는지를 곧 잊어버리거니와 자유롭게 하는 온전한 율법을 들여다보고 있는 자는 듣고 잊어버리는 자가 아니요 실천하는 자니 이 사람은 그 행하는 일에 복을 받으리라 약 1:22-25

12. 아무런 일도 일어나지 않는다면 주님께 물어보라

기도했음에도 불구하고 무엇인가 편안하지 않고 믿어지지 않는다면 '스스로 치유기도를 할 때의 태도'의 1번부터 11번까지 반복해보라.

그러나 자신이 알고 있는 한, 최선을 다해 믿음으로 신실하게 기도했음에도 불구하고 아무런 일이 일어나지 않을 때는 하나님 아버지께 여쭈어보라. 치유의 주체는 하나님이시지 우리가 아니다. 따라서 1번에서 11번까지의 안내는 일종의 지침일 뿐이지 그 순서에 따라 그 방법대로 한다고 해서 반드시 치유가 일어나야 하는 것은 아니다. 치유는 공식이 아니라 관계이다.

"주님, 제가 지금까지 주님이 가르쳐주신 방법대로 기도했지만, 주님의 뜻을 이루지 못했습니다. 제가 순종하지 못했거나 잘못 알고 있는 것이 있다면 무엇인지 알려주십시오."

어떤 생각이나 느낌이 들면 그것을 가지고 다시 하나님께 "그러면 그 문제를 어떻게 하면 될까요?"라고 여쭈어보라. 하나님께서 마음을 주시면 그 부분을 다시 기도해보라. 마음에 혼돈이나 불안이 오면 자신의 마음을 털어놓을 수 있는 권위자나 그리스도인에게 검증을 받아라. 힘들면 가까운 사람들과 함께 합심기도를 하라.

혹시나 악한 영이 자신의 생각이나 감정을 방해하고 있다는 생각이 든다면, 이 책의 11장 '악한 영적 존재를 쫓아내자'로 돌아가서 그 내용을 참고해보라.

가르쳐주는 대로 다 해보았지만 더 이상 어떻게 해야 할지 모르겠다면 당신 자신에게 이런 질문을 해보라.

"하나님은 나를 어떻게 생각하실까?"

"나는 하나님과 어떤 관계인가?"

"지금도 하나님의 생명이 나의 혼과 육에 흐르고 있는 것이 믿어지는가?"

만약 하나님께서 나의 태도나 행위와 상관없이 사랑하고 기뻐하신다는 느낌이 들지 않는다면, "하나님만이 나의 아버지이십니다"라고 고백하라. 그리고 그분의 자녀로서 존재감이 들지 않는다면, 혹은 정확하게 표현할 수는 없지만 무언가 하나님의 생명이 내 육신을 감싸고 있다는 믿음이 생기지 않는다면 이 책 15장의 '당신의 정체성을 새롭게 하라'와 '하나님나라의 사고방식을 가져라' 부분을 참고라하라. 만약 위의 질문에 대해 제대로 답할 수 있음에도 불구하고 치유가 일어나지 않는다면 이 책 16장을 읽어보라.

15

새로운 마음을 가져라

기적을 기대하고 말씀을 훈련하라

　오늘날에도 불가능한 일들이 수없이 일어나고 있다. 그러한 기적의 소식을 듣고, 읽고, 배우고, 경험하라. 세상의 사고방식으로 무장한 세상적인 사람들과 함께 지내다 보면 당신의 마음도 그곳에 묶이게 된다. 반대로, 매일 조금씩이라도 성경의 말씀을 통해, 간증 도서를 통해, 집회를 통해 하나님의 역사를 접하게 될 때 당신의 마음은 영적세계에 연결되며, 강한 기대감과 더불어 믿음이 자라게 될 것이다.

　무엇보다도 그러한 경험이 많으면 많을수록 기적은 특별한 것이 아니라 당연한 것으로 여겨지게 되고, 그 결과 우리의 무의식에 이미 기록된 "기적은 불가능하다"라는 잘못된 정보가 "나에게도 기적이 당연히 일어난다"로 바뀌게 된다.

그리고 신유집회에 참석하여 하나님의 말씀이 풀어지는 것을 경험하라. 하나님의 임재 가운데 선포되는 말씀을 받는 훈련을 하라. 단지 말씀을 듣고 그에 대한 당신의 생각이나 판단을 마음에 채우는 것이 아니라, 하나님의 말씀이 당신의 혼과 육에 풀어지는 훈련을 하라.

이것은 강의를 듣는 것과는 다르다. 보통의 경우 정보의 입력이 밖에서 안으로 이루어진다면, 성령 안에서 말씀을 듣는 것은 안에서 밖으로 흘러나가는 것이다. 주님의 말씀이 선포될 때 그 말씀은 영이고 생명이다. 그 생명이 우리의 심령 안에 계시며, 그 말씀이 우리의 혼과 육에 풀어지고, 우리의 혼과 육이 그 말씀에 반응하는 것을 경험해야 한다.

대저 하나님의 모든 말씀은 능하지 못하심이 없느니라 마리아가 이르되 주의 여종이오니 말씀대로 내게 이루어지이다 하매 천사가 떠나가니라 눅 1:37,38

이러므로 우리가 하나님께 끊임없이 감사함은 너희가 우리에게 들은 바 하나님의 말씀을 받을 때에 사람의 말로 아니하고 하나님의 말씀으로 받음이니 진실로 그러하도다 이 말씀이 또한 너희 믿는 자 가운데에서 역사하느니라 살전 2:13

당신의 정체성을 새롭게 하라

당신은 새 언약 아래서 새롭게 된 존재이다. 이제 당신 스스로나 다른 사람이 보는 정체성이 아니라 우리를 지으신 하나님께서 보시는 정체성을 가져라.

첫째, 나는 죄 사함 받고 구원받은 존재로서, 때가 되면 천국 가는 존재가 아니다. 나는 죽고 그리스도의 영이 내 안에 계시며, 이미 이 땅에 도래한 하나님나라를 사는 존재이다.

또 그들에게 이르시되 내가 진실로 너희에게 이르노니 여기 서 있는 사람 중에는 죽기 전에 하나님의 나라가 권능으로 임하는 것을 볼 자들도 있느니라 하시니라 막 9:1

적은 무리여 무서워 말라 너희 아버지께서 그 나라를 너희에게 주시기를 기뻐하시느니라 눅 12:32

예수께서 이르시되 내 말이 네가 믿으면 하나님의 영광을 보리라 하지 아니하였느냐 하시니 요 11:40

둘째, 나는 하나님을 위해서 무엇인가를 행하는 존재가 아니라 내 안에 계신 하나님께 나 자신을 내어드리는 존재이다.

우리는 그의 만드신 바라 그리스도 예수 안에서 선한 일을 위하여 지으심을 받은 자니 이 일은 하나님이 전에 예비하사 우리로 그 가운데서 행하게 하려 하심이니라 엡 2:10

셋째, 나는 율법을 잘 지킴으로 형통과 축복을 누리는 존재가 아니라, 내 안에 계신 그리스도의 영으로 인하여 새 언약의 말씀을 이 땅의 실재(實在, existence)로 이루는 삶을 사는 존재이다.

육신을 따르지 않고 그 영을 따라 행하는 우리에게 율법의 요구가 이루어지게 하려 하심이니라 롬 8:4

넷째, 세상 실재(實在)의 본질은 하나님의 말씀이다. 내 마음이 육신에 묶여 있을 때 나는 세상의 실재를 보는 것이 아니라 내 오감을 통해서 인식되는 것을 주관적으로 해석하며 살아왔지만, 이제는 말씀을 통해서 세상을 보는 존재이다.

믿음으로 모든 세계가 하나님의 말씀으로 지어진 줄을 우리가 아나니 보이는 것은 나타난 것으로 말미암아 된 것이 아니니라 히 11:3

전에는 우리도 다 그 가운데서 우리 육체의 욕심을 따라 지내며 육체와 마음의 원하는 것을 하여 다른 이들과 같이 본질상 진노의 자

녀이었더니 엡 2:3

다섯째, 나는 보기 때문에 믿는 것이 아니라, 믿기 때문에 보는 삶을 사는 존재이다. 따라서 세상과 내 마음의 관계보다는 내 심령 안에 계시는 하나님의 생명과 내 마음의 관계를 중요시한다.

우리가 주목하는 것은 보이는 것이 아니요 보이지 않는 것이니 보이는 것은 잠깐이요 보이지 않는 것은 영원함이라 고후 4:18

이는 우리가 믿음으로 행하고 보는 것으로 행하지 아니함이로라 고후 5:7

여섯째, 나는 하나님의 자녀이기 때문에 하나님의 뜻대로 무엇이든지 구하는 존재이다.

왜 하나님께서 나를 치유하지 않으신다고 생각하는가? 그분의 생각이 아니라 나의 생각이 나를 통치하고 있기 때문 아닌가? 여전히 우리 마음에 죄의식이 있기 때문이 아닌가? 내가 예수 그리스도로 말미암아 죄 사함을 받았고, 그분 안에서 새로운 피조물이라면(고후 5:17) 하나님의 의이다(고후 5:21).

그를 향하여 우리가 가진 바 담대함이 이것이니 그의 뜻대로 무엇을 구하면 들으심이라 우리가 무엇이든지 구하는 바를 들으시는 줄을 안즉 우리가 그에게 구한 그것을 얻은 줄을 또한 아느니라

요일 5:14,15

일곱째, 일반적으로 어떤 일에 부딪칠 때마다 우리는 '무엇을, 어떻게' 해야 하나로 시작한다. 그러나 우리가 하나님의 자녀라면 생각의 첫출발은 항상 '내가 누구인가'에서부터 시작하는 존재여야 한다. 내가 단지 신자라면, 치유는 하나님께 무엇인가를 드려야 하는 고역이 될 것이다. 그러나 내가 하나님의 자녀이기 때문에, 치유는 하나님의 뜻을 이루어드리는 기쁨이 된다.

하나님나라의 사고방식을 가져라

우리가 하나님의 자녀라는 새로운 정체성을 가졌다면, 성령과 말씀에 기초한 새로운 사고방식(Kingdom Mentality)을 가져야 한다. 삶에 대해서 그리고 세상을 보는 방식에 대해서도 태어난 후 육신의 부모로부터 배워왔던 방식에서 벗어나 예수 그리스도 안에서 하나님 아버지로부터 새롭게 배워야 한다.

너희가 서로 거짓말을 하지 말라 옛 사람과 그 행위를 벗어버리고 새 사람을 입었으니 이는 자기를 창조하신 이의 형상을 따라 지식에까

지 새롭게 하심을 입은 자니라 골 3:9,10

- 예수님이 보시는 세상이 참 세상이며, 그분의 말씀이 세상의 참된 법임을 믿어라.
- 기도할 때 악한 영을 대적할 뿐만 아니라, 동시에 하나님의 생명이 임했음을 선포하라.
- 기도할 때 비록 천사를 볼 수 없을지라도 우선 기도하는 그 장소에 성령님의 임재를 요청하고, 천사들이 그 장소를 깨끗하게 청소하도록 하나님께 요청하라.
- 기도할 때는 항상 하나님나라와 마귀의 나라의 충돌을 생각하라. 빛이 어두움에 비춰질 때 어두움은 사라진다.
- 문제의 심각성보다는 하나님의 위대하심을 생각하라. 나 자신의 부족함과 어리석음에 대한 믿음보다는 하나님의 전지전능하심에 대한 믿음이 커야 기적을 일으킬 수 있다.
- 내 안에 믿음이 있는지 없는지 점검하지 말라. 하면 할수록 믿음이 적어짐을 느낄 것이다. 대신에 하나님께 순종하라. 하나님의 능력은 순종하는 믿음을 통해서 흐른다.
- 치유기도를 할 때 하나님의 권능이 임했다는 믿음을 가져라. 말씀을 선포할 때 그 말씀에 내 생각과 감정과 의지가 순종하고 반응한다고 믿어라.
- 평소 자신의 생각과는 다른 큰 믿음이 임했을 때는 그 아름답

고 귀중한 순간을 놓치지 말고 담대하게 즉각적으로 완전한 확신을 가지고 믿는 대로 행동해야 한다.

- ◆ 하나님의 말씀은 악한 귀신이 공격하거나 내가 악한 생각을 할 때에 면역항체가 된다. 따라서 공격을 받기 전에 미리 예방접종이 되어 있어야 한다.

- ◆ 내가 가진 병을 십자가에 달리신 예수 그리스도의 몸에서 보라. 그분이 내 질병을 짊어지셨기 때문이다.

- ◆ 기도하기 전에 내 마음속에 의심이나 불신, 자기연민이 뿌리 박혀 있지는 않은지 확인해보라.

- ◆ 하나님께는 손의 상처를 치유하는 것이나 죽은 자를 살리는 것이나 동일하다. 따라서 내가 무슨 질병을 위해 기도하느냐는 중요하지 않다는 것을 알아야 한다.

- ◆ 기도할 때 나를 보지 말고 내 안에 계신 예수 그리스도, 그분 안에서 나를 보라.

- ◆ 내가 하나님의 자녀라면, 치유는 예수 그리스도께서 이미 지불하신 피 값으로 '온전함'을 당당하게 청구하는 것이다.

- ◆ 내가 기도하는 것은 "예수님, 도와주세요"라고 간구하는 것이 아니라, 이미 예수님이 지불하셨기 때문에 예수님의 이름으로 마땅히 찾아야 할 것을 요구하는 것이며, 마귀에게 손을 떼라고 명령하는 것이다.

- ◆ 하나님은 언제나 나를 사랑하신다. 그리고 하나님은 내가 온

전하기를 원하신다. 질병은 결코 하나님이 주신 것이 아니다.

◆ 내가 안수를 받는다는 것은 마치 발전소에서 전기가 전선을 타고 흘러들어와 전구를 밝히듯이 사역자의 손이 내 몸에 닿을 때 하나님의 권능이 전기가 흐르는 것처럼 흐르는 것이다. 사역자의 손이 내 몸에 닿을 때 나의 믿음은 스위치를 켜는 것과 같다. 믿음으로 스위치를 켜는 순간 하나님의 사랑과 치유의 능력이 전선을 타고 흐르게 된다.

◆ 기도하거나 대화할 때 항상 내 영혼을 주님께 드림으로 주님의 감동이 내 혼에 부어지도록 하고, 그것을 느끼고자 힘쓰자.

◆ 마귀가 나보다 잘 알고 있는 사실들은, 예수님이 2천 년 전에 우리의 죄 값을 모두 지불하셨다는 사실이다. 정작 나는 하나님 아버지의 사랑을 받고 있는지, 진정한 자녀인지에 대해서 확신을 갖지 못하지만 마귀는 내가 누구인가를 너무나도 잘 알고 있다.

◆ 반대로 마귀가 가장 두려워하는 일은, 위의 사실을 우리가 아는 것과 이 사실에 근거하여 권리를 청구하는 것이다.

◆ 귀신들이 가장 좋아하는 것은 그리스도인들이 스스로 귀신 들릴 수 없다고 믿는 것과 축사사역을 하면 큰 위험이 닥친다고 믿는 것이다.

◆ 귀신들이 가장 싫어하는 것은 기독교 신자가 하나님의 자녀로 변화되는 것과 귀신들에게 아무런 권세가 없다는 것을 알고 무

시할 때와 그리고 예수 그리스도의 이름과 보혈의 능력을 사용하는 것이다.

◆ 성령의 역사가 임할 때 흔히 다음과 같은 현상이 나타나거나 경험된다. 환부에 열이 나거나 따뜻해지는 느낌, 빛으로 덮이거나 빛이 주입되는 느낌, 온몸 전체를 관통하는 전기(능력)와 같은 파동, 자의적이지 않는 손발의 떨림, 급격한 행복감, 완전한 휴식과 평화가 찾아옴, 치유되었다는 내면의 확신, 파스 냄새나 향기를 맡게 됨, 하나님의 음성을 듣거나 환상을 보는 초자연적인 현상의 경험, 거룩한 임재에 압도되는 느낌, 특별히 자신의 질병이 예수님께 전가되었다는 확신, 질병을 붙들고 있는 악한 영이 반응을 하고 떠나가는 것 등이다.

◆ 집회에서 옆 사람이 어떤 현상을 경험하는데 반해 자신은 아무런 지각이나 감각적 현상이 없는 경우, 사람들은 흔히 자신이 무엇인가 잘못되었다는 느낌을 갖게 된다. 그러나 현상 그 자체는 하나님의 임재하심과 역사하심에 대한 인간의 반응이며, 이것이 치유를 확신하거나 더 큰 믿음을 갖게 하는 촉발제는 될 수 있지만, 그것의 유무에 따라 치유의 유무가 결정되는 것은 절대 아니다. 우리는 이 사실을 명심해야 한다. 이상한 행동이나 현상 없이 조용히 치유 받을 수 있다면 그보다 더 아름다운 것이 어디 있겠는가?

우리가 그리스도인이 된 후 신앙생활에 있어 가장 중요한 것은 자신의 정체성을 새롭게 하고, 그것에 기초하여 새로운 삶을 살아가는 것이다. 그것은 과거의 잘못된 삶을 버리려고 애쓰는 삶이 아니라 새로운 하나님나라의 삶을 예수 그리스도 안에서 성령님을 통하여 아버지로부터 배워나가는 삶이다. 다른 말로 현실에 기초한 삶에서 본질에 기초한 삶으로 변화시켜나가는 것이다.

기도했지만 치유 받지 못할 때

병원에 가서 최선의 치유를 받아라

하나님께서 우리를 치유하신다는 것을 정말로 믿기 때문에 그 믿음을 증명하기 위해 병원에 가는 것을 거부하거나 병원에 가서 치료받아서는 안 된다고 생각하는 사람들이 있다. 또는 '기도해보고 안되면 병원에 가면 되지'라는 생각을 가진 사람들도 있다.

교회에 가서 기도하거나 아니면 병원에 가서 치료하거나 둘 중의하나를 택해야 한다는 생각은 세상적이고 이원론적인 사고방식이며, 성경적 사고방식이 아니다. 이런 생각으로 둘 중의 하나를 택한다면 다른 하나는 하나님이 주신 것이 아니라고 부정하는 것이 된다. 그러나 기도도, 의사도, 약도 다 하나님의 주신 것이다.

핵심은 둘 중의 어느 것을 선택하는가에 달려 있는 것이 아니라,

우리 마음의 태도이다. 즉 기도를 하든, 수술을 하든, 약을 먹든 모든 것은 하나님의 것이며 치유는 하나님께 달려 있다는 것을 온전히 믿어야 한다. 필요하면 언제든지 병원에 가고 약을 먹어라.

왜 치유되지 않을까?

하나님의 행하심을 단지 언약적인 관점에서만 생각하는 것은 잘못된 것이다. 왜냐하면 하나님께서는 하나님나라를 이루어가기 위해서 우리와 언약을 맺으셨기 때문이다. 따라서 주님의 뜻을 이루어가기 위해서 우리와 맺은 언약의 관점에서 보아야 한다.

하나님나라의 관점에서 치유를 생각하자면, 질병의 치유는 단순한 물리화학적 차원보다 영적인 차원에서 보아야 한다. 또한 하나님과 우리의 관계를 '우리의 믿음과 예수님의 구원'이라는 관점과 더불어 하나님이 인간의 영혼육을 통치하신다는 관점에서 보아야 한다. 이런 관점에서 볼 때 치유가 일어나지 않는 것은, 물론 우리가 다 알 수는 없지만, 다음과 같은 이유 때문이라고 생각해볼 수 있다.

◆ 예수 그리스도의 대속으로 우리의 영은 죄 사함을 받았지만, 우리의 혼과 육은 살아가는 동안 구원을 이루어가야 한다. 그 과정 가운데 우리의 상처나 쓴 뿌리, 왜곡된 믿음, 악한 영의 공격 등으로 인하여 우리가 죄와 불법 가운데 거할 수 있다.

◆ 현재적 하나님나라에서는 뜻이 하늘에서 이루어진 것같이 이 땅에 이루어지도록 해야 하는데, 그렇게 하기 위해서는 하나님의 영광 가운데 믿음으로 주의 말씀을 이루어가야 한다. 어떤 성도라 할지라도 항상 하나님의 영광 가운데 온전한 믿음을 가질 수는 없다.

◆ 악한 영과 마귀의 공격 때문에 치유가 안 될 수도 있다. 우리가 제대로 감지하지 못하지만, 그들은 우리가 직간접적인 죄를 지을 때 합법적으로 혼과 육에 침입해 우리를 도둑질한다. 악한 영의 특징은 우리가 영적 공격을 받고 있다는 사실을 알지 못하게 한다.

◆ 우리가 질병의 근원과 뿌리를 제대로 파악하지 못하기 때문이다. 흔히 하나님의 음성을 듣고 질병의 뿌리에 대해서 기도할 때 놀라운 역사가 일어나는 것을 볼 수 있다. 예를 들어, 육신의 질병으로 고통 받을 때 아무리 기도해도 낫지 않았지만, 하나님께서 그 질병의 뿌리가 되는 마음의 어떤 문제를 알게 하시고 회개하게 하실 때 육신의 문제가 자연스럽게 치유되는 것을 볼 수 있다.

◆ 우리가 알 수 없지만 하나님의 허락하심 때문일 수도 있다. 그러나 새 언약 아래서 하나님께서 우리에게 직접 질병을 주시는 일은 없다.

실망하지 말고 계속 기도하라

믿음으로 기도하지만 다 치유 받지 못하는 것이 현실이다. 우리는 흔히 "내가 이렇게 간절히 기도했는데 하나님은 왜 나를 치유해 주지 않으실까"라는 생각을 갖기 쉽다. 이것은 신앙을 어떤 공식으로 여기는 믿음에서 비롯된 생각이다. 하나님께서 약속하셨고 그에 따라 내가 이만큼 했으면 그것에 상응하는 어떤 결과가 있어야 한다는 믿음을 말하는 것이다.

이런 믿음을 가진 사람은 바울의 육체의 가시를 육체의 질병이라고 보는 경우가 많다. 사실 육체의 가시는 질병이 아님에도 불구하고 말이다. 그들은 사도 바울이 사역하는 동안에 수많은 사람들을 고쳤지만 자만하지 않도록 하기 위해 하나님이 그의 질병은 치유해 주시지 않았다고 말한다. 따라서 하나님이 모든 질병을 다 고쳐주시는 것은 아니라고 주장한다.

이런 사실에 기초해서 간절하게 기도했거나 치유사역자들에게 기도를 받았는데도 치유되지 않을 때 자신의 질병이 마치 사도 바울의 가시와 같다고 말하는 사람들이 있다. 다른 말로, 하나님께서 질병을 허락하셨으니 그것이 족한 줄로 알고 살아야 된다는 것이다.

여러 계시를 받은 것이 지극히 크므로 너무 자만하지 않게 하시려고 내 육체에 가시 곧 사탄의 사자를 주셨으니 이는 나를 쳐서 너무 자만하지 않게 하려 하심이라 이것이 내게서 떠나가게 하기 위하여 내가 세 번 주께 간구하였더니 나에게 이르시기를 내 은혜가 네게 족하도다 이는 내 능력이 약한 데서 온전하여짐이라 하신지라 그러므로 도리어 크게 기뻐함으로 나의 여러 약한 것들에 대하여 자랑하리니 이는 그리스도의 능력이 내게 머물게 하려 함이라 고후 12:7-9

그러나 우리는 바울의 예를 통해서 다음과 같은 사실을 알아야 한다. 첫째, 치유 능력은 분명히 우리의 것이 아니라는 것이다. 둘째, 그는 하나님의 말씀대로 기도했지 현실에 기초하여 기도하지 않았다. 셋째, 바울도 자신의 질병을 치유 받기 위해 하나님께 계속적으로 기도했다. 중요한 사실은 그가 계속 기도했다는 것이 아니라 하나님의 음성을 들었다는 것이다. 우리는 이 사실을 간과하고 있다. 자신의 병이 하나님의 뜻이라고 말하기 전에 하나님이 주시는 분명한 음성을 들었는지 생각해보라. 만약 그렇지 않다면 계속 기도해야 한다.

자신의 상황과 상태와 상관없이 주님의 말씀을 말씀대로 믿는 믿음, 그것이 바로 하나님과의 온전한 관계이다. 사람들이 "치유되지 않으면 언제까지 기도해야 합니까?"라고 내게 물을 때, 예전에는 "나을 때까지요"라고 대답했다. 그러나 지금은 "하나님으로부터 구체적인 음성을 들을 때까지 기도하세요"라고 답한다. 만일 "하나님의 음성을 듣지 못한다면 언제까지 기도해야 합니까"라고 물으면 "그 질병으로 죽을 때까지 기도하십시오"라고 한다.

그리스도인들이 신유를 바라는 것은 단지 자신의 육신을 치료하기 위함이 아니라 주님의 뜻을 이루기 위함이어야 한다. 이것이 성경적이다. 그 믿음으로 살 때 우리는 평생 하나님의 보호와 사랑 가운데 거하게 될 것이다. 그리고 육신의 장막을 벗을 때 그 질병으로부터 자유함을 얻게 될 것이다. 우리가 확신하는 사실은, 예수님이 재림하실 때 우리는 다시 온전한 몸의 부활을 경험하게 된다는 것이다.

왜 포기하지 않고 계속 기도해야 하는가?

만약 당신이 정말로 치유된 것을 믿음에도 불구하고 문제가 사라지지 않는다면, 그것은 악한 영에 의해서 불법이 행해지는 것으로 볼 수 있다. 예를 들어, 백화점에 가서 물건을 구입하면서 상품권을 주었는데 점원이 물건을 내주지 않으면 불법이다. 그러면 어떻게 해야 하는가? 당신이 물건을 달라고 담대하게 말할 때 권세가 주어진다. 왜냐하면 법에 기초하여 요구하기 때문이다. 그럼에도 불구하고 그 점원이 불복한다면 어떻게 해야 하는가? 경찰에 신고하든지 아니면 법의 판단을 받도록 해야 한다.

마찬가지로 당신이 믿음으로 기도했고 이루어진 것을 믿었는데도 현실에서 아무 일도 일어나지 않는다면, 당신에게 믿음이 없는 것이 아니라 악한 영들이 불법을 행하는 것이다. 이것에 속아서는 안 된다. 그럴 때는 예수 그리스도의 이름으로 아버지께 청원하라. 의로

우신 재판장이신 아버지께서 질병이나 마귀를 법정으로 불러서 심판해달라고 요청하라.

> 그날에 너희가 내 이름으로 (아버지께) 구할 것이요 내가 너희를 위하여 아버지께 구하겠다 하는 말이 아니니 이는 너희가 나를 사랑하고 또 내가 하나님께로부터 온 줄 믿었으므로 아버지께서 친히 너희를 사랑하심이라 요 16:26,27

이 말씀에 의지하여 이렇게 기도하라.

"이 시간 예수 그리스도의 이름으로 아버지께 구합니다. 내가 예수 그리스도의 피로 말미암아 죄 사함을 받았고, 주께서 채찍에 맞으심으로 제가 이미 나음을 입었습니다. 그리고 이제 어떤 더러운 것도 제게 아무런 영향력을 미칠 수 없음에도 불구하고, 악한 영들과 질병이 불법을 행하고 있습니다. 예수 그리스도의 이름으로 아버지께 청원합니다. 이 일을 조속히 처리해주시옵소서! 이것은 불법입니다. 제가 믿음으로 이미 완전케 되었음을 선포합니다."

그러나 법적으로 해결하기 위해서는 법적 절차에 대해서 알아야 한다. 법원에서 공의로운 판결을 내리기 위해서는 원고의 주장뿐만 아니라 피고의 진술도 듣게 되어 있다. 이것이 재판의 절차이다. 우리가 약속의 말씀에 근거하여 악한 영을 하나님의 법정에 세울 때 하나님께서는 피고에게도 기회를 주신다. 그들은 모든 것을 다 동원하여 당신의 문제점을 들추어내며 자신의 정당성을 입증하기 위해 노력할 것이다.

그러나 당신이 믿음을 갖는 한, 그들의 변론이 끝나는 순간 하나님께서 공의로운 판결을 내리실 것이다. 그때까지 믿음으로 기도해야 한다. 그러나 중요한 사실은 당신이 믿음으로 끝까지 이 소송을 유지시켜야 한다는 것이다. 만약 당신이 자신의 권리를 포기한다면, 즉 믿음을 유지하지 않는다면 그것은 그 소송을 스스로 취하(取下)하는 것과 같다.

예수께서 그들에게 항상 기도하고 낙심하지 말아야 할 것을 비유로 말씀하여 이르시되 어떤 도시에 하나님을 두려워하지 않고 사람을 무시하는 한 재판장이 있는데 그 도시에 한 과부가 있어 자주 그에게 가서 내 원수에 대한 나의 원한을 풀어주소서 하되 그가 얼마 동안 듣지 아니하다가 후에 속으로 생각하되 내가 하나님을 두려워하지 않고 사람을 무시하나 이 과부가 나를 번거롭게 하니 내가 그 원한을 풀어주리라 그렇지 않으면 늘 와서 나를 괴롭게 하리라 하였느니라 주께서 또 이르시되 불의한 재판장이 말한 것을 들으라 하물며 하나님께서 그 밤낮 부르짖는 택하신 자들의 원한을 풀어주지 아니하시겠느냐 그들에게 오래 참으시겠느냐 내가 너희에게 이르노니 속히 그 원한을 풀어주시리라 그러나 인자가 올 때에 세상에서 믿음을 보겠느냐 하시니라 눅 18:1-8

천국을 소망할 줄 알아야 한다

아무리 기도해도 아무런 차도가 없음을 느낄 때(자신의 믿음과 상관없이 질병이 심화될 때), 특별히 하나님이 부르신다는 것을 알게 되었을 때는 한 인간으로서 겸손히 하나님 앞에 자신을 드릴 줄 알아야 한다. 이 순간을 아는 것은 말처럼 쉬운 일이 아니며, 더욱이 마지막을 온전히 맞이하는 것도 결코 쉬운 일이 아니다. 그러나 하나님과의 교제가 깊은 사람일수록 이 순간을 더 정확히 알게 되며, 온전히 맞이할 수 있게 된다.

우리에게 우리 날 계수함을 가르치사 지혜로운 마음을 얻게 하소서
시 90:12

이런 때가 왔을 때 우리는 어떻게 해야 하는가? 질병으로 육신의 장막을 떠나는 순간까지 우리의 영혼은 예수 그리스도 안에서 하나님과 계속 교제해야 한다.

"주님! 이 질병 때문에 죽는다 하더라도 결코 더러운 마귀에게 묶이지 않겠습니다. 끝까지 주님의 말씀을 선포하며 주님을 증거하겠습니다!"

왜냐하면 이미 언급한 바와 같이, 우리는 단지 우리의 생명을 연장하기 위해서 사는 것이 아니라 자녀로서 하나님의 뜻을 이루고 그분을 나타내기 위해서 살기 때문이다.

전제와 같이 내가 벌써 부어지고(나는 이미 부어드리는 제물처럼 바쳐질 때가 되었고) 나의 떠날 시각이 가까웠도다 나는 선한 싸움을 싸우고 나의 달려갈 길을 마치고 믿음을 지켰으니 이제 후로는 나를 위하여 의의 면류관이 예비되었으므로 주 곧 의로우신 재판장이 그날에 내게 주실 것이며 내게만 아니라 주의 나타나심을 사모하는 모든 자에게도니라 딤후 4:6-8

인간이라면 누구든지 육신을 지닌 이 땅에서의 삶을 좀 더 연장하고 싶어 할 것이다. 어떤 사람은 후회가 되어서, 어떤 사람은 너무 억울해서, 어떤 사람은 너무 좋아서, 어떤 사람은 아직 할 일이 많아서 등, 그 이유는 다양할 것이다. 그러나 어쩔 수 없이 육신의 장막을 벗어야 할 시간이 되었음에도 불구하고 두려움 때문에 시간을 연장시키기 위해 온갖 일들을 행한다면 그 마지막은 아름다울 수 없다.

반대로 우리가 하나님께서 주신 영생으로 인하여 주님과 친밀한 교제 가운데서 본향에 대한 비밀과 그리움을 가지고 있다면, 또한 천국의 삶이 이 땅의 삶보다 훨씬 좋은 것을 안다면, 그 영혼이 육체에 붙들리지 않고 예수님의 부르심에 붙들려 더 아름답고 귀한 천국으로의 부르심을 두려움 없이 맞이하게 될 것이다.

만일 그리스도 안에서 우리가 바라는 것이 다만 이 세상의 삶뿐이면 모든 사람 가운데 우리가 더욱 불쌍한 자이리라 고전 15:19

그리스도인은 매일매일 이 땅에 도래한 하나님나라의 삶을 살아야 할뿐만 아니라 육신의 장막을 벗을 때 가는 천국에 대한 소망도 동시에 가져야 한다. 이 소망은 도피처로서의 소망이 아니라 본향에 대한 그리움이어야 한다. 그곳은 내 영혼이 육신에 묶이지 않고 안식하는 곳, 다시 몸의 부활을 입고 예수 그리스도와 함께 이 땅을 다스리기 전에 주님과 함께 거하는 곳이다.

　우리가 천국에 대한 소망을 가질 때 첫째, 육신의 삶이 전부가 아니라는 사실을 알게 된다. 둘째, 육신에 붙들려 살지 않게 된다. 셋째, 육신이 망가진다 하더라도 자신의 영혼이 아버지 손에 있음을 알게 된다.

　그들이 이제는 더 나은 본향을 사모하니 곧 하늘에 있는 것이라 이러므로 하나님이 그들의 하나님이라 일컬음 받으심을 부끄러워하지 아니하시고 그들을 위하여 한 성을 예비하셨느니라 히 11:16

　우리의 육체적 죽음은 마귀에 의한 것이 아니라 하나님의 부르심에 순종하는 것이어야 한다. 우리의 본향인 천국에 대한 소망이 없는 경우, 육신의 생명을 연장하기 위해서 아등바등하다가 그 삶을 끝내는 사람이 많다. 얼마나 안타까운 일인지 모르겠다.

　우리는 몸은 죽여도 영혼은 죽이지 못하는 마귀와 질병에 묶이지 말고, 내 영혼육 모두를 지옥에 멸하실 수도 있지만 내 영혼육 모두를 구원하시는 여호와 하나님을 경외하고, 끝까지 그분께 묶여 있어야 한다. 그럴 때 비록 질병에 의해 육신이 죽음을 맞더라도 예수님의 손에 이끌려 천국으로 향한다. 암이나 질병 때문에 죽지 말고 하나님의 뜻을 이루다가 죽자. 암이 나를 데려가는 것이 아니라 예수님이 나를 데려가시도록 하자.

> 몸은 죽여도 영혼은 능히 죽이지 못하는 자들을 두려워하지 말고 오직 몸과 영혼을 능히 지옥에 멸하실 수 있는 이를 두려워하라
> 마 10:28

하나님의 자녀는 죽음이 두려워서 혹은 삶을 더 연장하기 위해서 투병(鬪病)하는 것이 아니라 천국의 소망과 몸의 부활을 믿기 때문에 투병해야 한다. 천국 소망 가운데 투병한 아름다운 간증을 소개하고 싶다.

저는 킹덤빌더 5기를 남편과 함께 수료한 ○○ 집사입니다. 남편은 췌장암으로 투병하다가 작년 5월 30일에 천국에 갔습니다. 그동안 너무나 간증을 올리고 싶었는데 가슴이 아파서 차마 용기가 나지 않았습니다. 남편이 췌장암 수술을 받은 건 2009년 8월, 그 후 다시 재발한 건 2010년 9월이었습니다. 그때부터 월요치유집회와 책을 보면서 믿음으로 선포하고 믿음의 싸움을 싸우기 시작했습니다. 말도 할 수 없을 정도로

마약성 진통제의 강도를 올려가면서도 끝까지 믿음으로 예배 영상을 보고 말씀을 암송했습니다.

떠나는 날도 찬양 CD를 계속 들려주고 치유기도를 들었는데, 말을 못 하던 사람이 갑자기 "아멘" 하며 하늘나라로 갔습니다. 마지막 모습이 얼마나 아름다웠는지요. 그 과정 속에서 우리 부부는 하나님과 동행할 수 있었습니다. 그래서 몸과 마음이 고통스러운 최악의 상황에서도 우리는 하나님나라의 임재를 같이 경험했었습니다.

그랬기에 그 사람이 떠난 후에도 전 주님 앞에 그 사람 몫까지 순종하며 살고 있습니다. 아직 아프지만, 너무 젊은 나이에(그때 서른네 살이었네요) 너무 예쁜 일곱 살 딸과 저를 두고 떠났지만 그래도 전 감사합니다. 그 사람이 가장 굳건한 믿음으로 서 있고 하나님과 동행할 때 아름답게 갈 수 있었던 것이 모두 헤븐리터치를 만나서 가능했습니다. 천국이 있기에, 이 땅의 삶이 마지막이 아니기에 소망이 있습니다. 지금도 말씀 영상을 보면서 믿음의 선한 싸움을 싸우며 하나님의 나라가 제 안에, 이 땅 가운데 임하도록 기도합니다.

❖ HTM 홈페이지에 들어가면 수천 건의 아름다운 치유 간증들과 하나님의 행하심을 볼 수 있다(www.heavenlytouch.kr).

지금까지 치유사역을 되돌아 보면 기도해서 치유된 사람보다 기도해도 치유되지 못한 사람이 훨씬 더 많다. 그럼에도 불구하고 나는 기도한다. 내가 믿는 것은 현실이나 이성이 아니라 주님의 말씀이기 때문이다. 사람들은 의아하게 생각할지 모르지만, 나는 주님의 약속의 말씀을 믿음으로 기도하지 내 이성과 경험 또는 과학적 지식으로 기도하지 않는다.

예수님은 우리에게 무슨 질병이라도 다 치유하신다고 말씀하셨다. 나는 그것을 믿지만 실제 현실은 그렇지 않다. 나는 여기에 우리 신앙의 비밀이 있다고 본다. 실제로 치유사역을 할 때 많은 사람들이 내가 모든 사람을 치유할 것처럼 사람들을 속인다고 생각한다. 특별히 질병이 있음에도 불구하고 예수 그리스도의 이름으로 치유된 것을 선포할 때는 더더욱 그렇게들 생각한다.

그러나 나는 사람들을 속이고자 하거나, 나 자신을 높이려거나, 더욱이 나 자신을 하나님의 위치에 두고자 그렇게 기도하는 것이 아니다. 단지, 예수 그리스도를 통하여 이 땅에 하나님나라가 도래했기 때문에 하늘에서 이미 이루어진 약속의 말씀을 믿음으로 선포하는 것뿐이다.

이러한 믿음은 이 땅의 현실에 기초한 이성으로 사는 사람들에게는 이해하기 어려운 것이지만, 아직 완전치 않지만(already but not yet) 이 땅에 도래한 하나님나라의 삶을 사는 자에게는 당연한 사고방식이다.

내가 어떤 사람의 치유를 위해 기도했을 때 그 사람이 치유되었는지 그렇지 않은지는 기도 받은 그 사람과 집회에 참석한 수천 명의 사람들이 더 잘 안다. 기도 받은 자에게 아무런 일이 일어나지 않았을 때도 나는 여전히 주의 말씀을 믿지, 상황을 보지 않는다. 상황을 볼 때, 우리는 주의 말씀을 자신의 경험과 이성 수준으로 낮추어 믿기 시작한다. 이런 믿음이 바로 오늘날 기사와 표적을 부인하는 결과를 낳았다.

자기 스스로 기도하고 선포했을 때 또는 치유사역자가 선포하고 기도했을지라도 아무런 변화도 치유도 일어나지 않을 때가 많다. 그럴 때 당신의 마음은 어떤가? 치유사역자가 사람을 속인다고 생각하는가? 하나님이 자신을 사랑하시지 않는다고 생각하는가? 집회가 엉터리라고 생각하는가? '나는 믿음이 없구나'라고 자책하는가?

그 어느 것도 옳지 않다. 나 역시 내가 기도할 때 기도 받는 사람이 치유 받을지 또는 받지 못할지 다 알지 못한다. 왜냐하면 그것은 하나님의 절대 주권이기 때문이다. 그러나 우리는 주의 말씀대로 기도하는 것을 포기하지 말아야 한다.

내가 확신을 가지고 말할 수 있는 것은 두 가지이다. 첫째로 나는 질병의 치유 자체가 목적이 아니라 주의 뜻을 이루기 위해서 최선을 다해왔다는 것이다. 둘째는 그렇게 기도할 때 과거보다 지금 치유되는 역사가 훨씬 더 많다는 사실이다. 하나님의 자녀는 믿음으로 하나님으로부터 무엇인가를 받아내는 것이 아니라, 하나님과 함께 이 땅에 도래한 하나님나라에서 주의 통치를 이루는 삶을 살아야 한다. 우리는 하나님의 자녀이다. 내 목숨을 위해 사는 것이 아니라 이 땅에 사는 동안 우리 안에 계신 하나님을 영화롭게 하기 위해서 그리스도의 용사로서 싸우는 존재다.

몸은 죽여도 영혼은 능히 죽이지 못하는 자들을 두려워하지 말고 오직 몸과 영혼을 능히 지옥에 멸하실 수 있는 이를 두려워하라

마 10:28

하나님이 주신 신성한 건강을 누리며 살기를 소망한다. 그러나 설령 우리의 육신이 질병으로 죽는다 하더라도 죽음의 순간까지 믿음의 선한 싸움을 함으로써 우리를 인도하기 위해 오시는 예수님을 만나 그분과 함께 천국으로 가서 부활의 몸을 기다리자.

헤븐리터치 미니스트리(HTM)에서는 그러한 삶을 위해서 다음과 같은 일들을 행하고 있다.

◆ HTM 센터에서는 매주 화요일 화요말씀치유집회(저녁 7:30-10:00)를 개최한다.
◆ 매일(월요일부터 금요일까지 오후 2:00-6:00) 치유사역자들이 병든 자를 위해서 기도사역을 하고 있다. 도움이 필요한 분은 연락하셔서 자세한 안내를 받으시기 바란다(02-576-0153).
◆ PC뿐만 아니라 스마트폰을 통해서도 HTM 홈페이지(www.heavenlytouch.kr)와 유튜브(official 손기철 장로)에 접속할 수 있고, CGN TV(월요일 저녁 9:40)를 통해서도 치유집회 영상을 볼 수 있다.
◆ 홈페이지로 들어가면 HTM에서 매월 발간하는 〈킹덤빌더지〉를 통해 치유와 관련된 다양한 글을 볼 수 있다.
◆ HTM에서는 주기적으로 치유관련 세미나(토요일)를 개최하고 있다.

말씀과 성령님의 만지심

헤브리 터치
Heavenly Touch Ministry
헤 브 리 터 치 미 니 스 트 리

손기철 장로의

화요 말씀치유집회

매주 화요일 신대방동
헤브리터치센터에서 열립니다.

예수님께서는 공생애 사역 동안에 하나님나라의 복음을 전하시고, 그 나라의 도래에 따른 수많은 기사와 표적을 보여 주셨습니다. 지금도 하나님의 영광이 임한 장소에서 그의 나라와 의를 구하는 자에게 뜻이 하늘에서 이루어진 것처럼 이 땅에서도 이루어지고 있습니다.
주님께서 허락하신 헤브리터치센터에서 죄사함뿐만 아니라 상한 감정의 치유, 육신의 질병치유, 은혜로 인한 형통, 악한 영으로부터의 해방을 경험하시기를 바랍니다.

2008년에 설립된 '헤브리터치 미니스트리'(Heavenly Touch Ministry:HTM)는 치유사역, 하나님나라의 복음 전파, 교회를 통한 사회변혁의 비전을 이루기 위해 교단과 교파를 초월하여 교회와 성도들을 섬기는 선교단체입니다.

장소 신대방동 헤브리터치센터 임마누엘홀(본당)
일시 **매주 화요일 저녁 7시 30분~밤 10시**
인도 손기철 박사(HTM 대표)
집회 말씀과 치유사역, 기도사역자 개인기도

문의전화 02)576 - 0153 이메일 htm0691@naver.com, www.heavenlytouch.kr

서울 동작구 보라매로 5길 35번지 한국컴퓨터빌딩 보라매현대아파트 지하 1층 헤브리터치 센터

HTM 홈페이지 안내 www.heavenlytouch.kr

HTM 홈페이지에서는 HTM의 모든 집회, 교육, 사역 안내와 손기철 장로의 말씀 영상을 볼 수 있으며, 킹덤빌더 매거진, 온라인 강좌(서비스 예정) 등을 이용할 수 있습니다. 뿐만 아니라 HTM 집회와 도서, 동영상 등을 통해 치유를 경험한 성도님들의 치유 간증을 실시간으로 볼 수 있습니다.

모바일로도 HTM의 메시지를 접하실 수 있습니다!

스마트폰에 홈버튼을 추가하여 이용해보세요. 좀 더 편안히 HTM 모바일 홈페이지를 이용할 수 있습니다.

홈버튼 추가법

아이폰

Safari 클릭 ① / ② www.heavenlytouch.kr 접속 / ③ 홈 화면에 추가 클릭 / ④ 추가 클릭 / ⑤ 생성

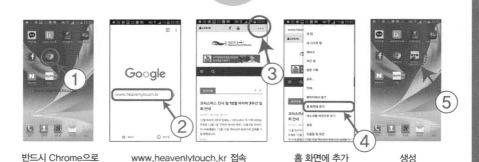

안드로이드폰
(삼성, LG 등)

반드시 Chrome으로 인터넷 접속 / www.heavenlytouch.kr 접속 / 홈 화면에 추가 클릭 / 생성

하나님의 힘으로 병이 낫는다

초판 1쇄 발행	2016년 2월 22일
지은이	손기철
펴낸이	여진구
책임편집	1팀	이영주, 김수미
편집	2팀	최지설, 김나연 3팀	안수경, 유혜림 4팀	김아진, 박혜란
책임디자인	이혜영, 마영애	전보영, 박소민

기획 · 홍보   김영하   해외저작권   김나은
마케팅   김상순, 강성민, 허병용, 이기쁨   마케팅지원   최영배, 이명희
제작   조영석, 정도봉   경영지원   김혜경, 김경희

이슬비전도학교   최경식, 전우순   303비전성경암송학교   박정숙, 정나영, 정은혜
303비전장학회 & 303비전꿈나무장학회   여운학

펴낸곳   규장

주소   06770 서울시 서초구 매헌로 16길 20(양재2동) 규장선교센터
전화   02)578-0003   팩스   02)578-7332
이메일   kyujang0691@gmail.com   홈페이지   www.kyujang.com
트위터   twitter.com/_kyujang   페이스북   facebook.com/kyujangbook
등록일   1978.8.14. 제1-22

책값   뒤표지에 있습니다.
ISBN   978-89-6097-440-1 03230

규 | 장 | 수 | 칙

1. 기도로 기획하고 기도로 제작한다.
2. 오직 그리스도의 성품을 사모하는 독자가 원하고 필요로 하는 책만을 출판한다.
3. 한 활자 한 문장에 온 정성을 쏟는다.
4. 성실과 정확을 생명으로 삼고 일한다.
5. 긍정적이며 적극적인 신앙과 신행일치에의 안내자의 사명을 다한다.
6. 충고와 조언을 항상 감사로 경청한다.
7. 지상목표는 문서선교에 있다.

하나님을 사랑하는 자 곧 그의 뜻대로 부르심을 입은 자들에게는 모든 것이 合力하여 善을 이루느니라(롬 8:28)

규장은 문서를 통해 복음전파와 신앙교육에 주력하는 국제적 출판사들의
협의체인 복음주의출판협회(E.C.P.A:Evangelical Christian Publishers
Association)의 출판정신에 동참하는 회원(Associate Member)입니다.